Hans-Werner Wahl
Positive Alternspsychologie

Edition Sozial

Hans-Werner Wahl

Positive Alternspsychologie

Die Stärken der zweiten Lebenshälfte

BELTZ JUVENTA

Der Autor

Hans-Werner Wahl ist Seniorprofessor am Psychologischen Institut der Universität Heidelberg, Netzwerk Alternsforschung.

Bildnachweise: Vladislav Skrynko (Doktorhut), Vitalii Barida (Glühbirne), Christian Horz (Hand), Tamara Bradas (Waage), Mariangel Beatriz Mendoza de Wendt (Forschungshaus), Gehirn (SciePro)

MIX
Papier | Fördert gute Waldnutzung
FSC® C089473
FSC www.fsc.org

Dieses Buch ist erhältlich als:
ISBN 978-3-7799-8017-9 Print
ISBN 978-3-7799-8018-6 E-Book (PDF)
ISBN 978-3-7799-8019-3 E-Book (ePub)

1. Auflage 2024

Herstellung: Hanna Sachs
Satz: Helmut Rohde, Euskirchen
Druck und Bindung: Beltz Grafische Betriebe, Bad Langensalza
Beltz Grafische Betriebe ist ein klimaneutrales Unternehmen (ID 15985-2104-100)
Printed in Germany

Weitere Informationen zu unseren Autor:innen und Titeln finden Sie unter: www.beltz.de

Für Jonas, Juri, Kolja, Milo und Niko

Ich danke meiner Frau Brigitte für sehr wichtige Hinweise. Nach ihrer Rückmeldung nahm das Buch eine ziemlich andere Gestalt an.

Inhalt

Einführung

Noch immer herrschen in unserer Gesellschaft viele negative und so nicht mehr gültige Vorstellungen dazu vor, was uns jenseits des Alters von 50 Jahren erwartet. Dabei zeigen unsere eigenen und weitere Forschungsergebnisse, dass gerade die Zeit um das Alter 50 herum entscheidend dafür ist, wie wir uns gegenüber dem „Rest des verbleibenden Lebens", dem eigenen Älterwerden, positionieren (Diehl & Wahl 2020; Lachman et al. 2015).

Es kann einen riesigen Unterschied in Bezug auf Lebensqualität machen, ob wir in diesem Alter wichtiger Weichenstellungen für die (lange!) verbleibende Lebenszeit davon ausgehen, dass in der Zukunft vieles, was uns wichtig ist, stabil bleibt oder gar noch ansteigt. Oder ob wir dem Damoklesschwert einer Verlustbrille erliegen und alles, was in der zweiten Lebenshälfte kommt, als „Nie mehr so wie in jungen Jahren" erleben. Jenseits von 50 Jahren, so mögen manche denken, beginne die mehr hässlich als schöne Schlussphase des Lebens. Folgt man diesem unguten und letztlich selbstdestruktiven Narrativ, so wird es schwer zu glauben, dass es mit dem Fortschreiten der Jahre auch so etwas wie Persönlichkeitswachstum, also positive Entwicklung, geben könnte.

Dabei wird wohl niemand grundsätzlich bestreiten, dass die Trias Wachstum, Stabilität und Verlust die Tiefe unseres Lebens ausmacht. Die entscheidende Frage ist allerdings, welche Gewichtung diesen drei Richtungen in der zweiten Lebenshälfte jeweils angemessen ist. Müssen Gewinne und Stärken des späten Lebens mit der Lupe gesucht werden – mit einem Treffer hie und da? Könnte es nicht auch sein, dass wir dazu neigen, Stabilitäten in der lebenslangen Entwicklung systematisch zu unterschätzen? Und eventuell mögliches Wachstum nicht ernst genug nehmen und häufig übersehen? Der deutsche Entwicklungspsychologe und Alternsforscher Paul B. Baltes (1939–2006) bemerkte dazu in einem seiner letzten Vorträge im Schauspielhaus Zürich: „Allerdings, die wissenschaftliche Evidenz für die Stärken des Alters ist noch unterentwickelt, denn die Wissenschaft hat sich erst in jüngster Zeit ernsthaft um die Frage nach den Stärken des Alters gekümmert" (P. B. Baltes 2005, S. 6[1]). In gewisser Weise ist dieses Buch der Versuch, einen Beitrag zu diesem „Sich-Kümmern" um die Stärken des Älterwerdens zu leisten (siehe auch Kruse 2023).

Die sogenannten Defizite des Älterwerdens sind ausgiebig beschrieben worden, in der Biologie des Alterns (z. B. unvermeidbare Zellalterung, genetische Translationsfehler, ineffiziente Reparaturmechanismen), in der Altersmedizin / Geriatrie (z. B. Anstieg der Krankheitslast, Multimorbidität, Nicht-Wiederherstellbarkeit vormaliger Gesundheitszustände), und in der Alterssoziologie (z. B.

1 PDF des Vortrags jederzeit bei HWW erhältlich.

Rollenverluste, Statusverlust), aber auch in der Psychologie des Alterns (z. B. kognitive Verlangsamung und Fehleranfälligkeit, zunehmendes Erleben von Abhängigkeiten von anderen Menschen, Verlust geliebter Personen, ansteigend negatives Erleben des Alternsprozesses selbst). Das müssen wir hier nicht weiter vertiefen. Zu den Defiziten des Alters können, wie Studien gezeigt haben, schon Kinder einiges sagen, sie gehören zum Weltwissen ab etwa 5 Jahren.

Parallel kann man die Entwicklung der Alternsforschung, zumindest ihrer sozial- und verhaltenswissenschaftlichen Ausrichtung, auch als ein Ringen darum sehen, die Defizitsicht des Älterwerdens hinter sich zu lassen. Allerdings: Wenn sich in schnell älter werdenden Gesellschaften, in Gesellschaften des langen Lebens, etwas verändern soll, dann muss etwas Überzeugendes an die Stelle der Defizitperspektive der zweiten Lebenshälfte treten (Wahl 2023a). Meine Forderung an uns selbst und an unser Gemeinwesen ist die folgende:

> **Wir brauchen dringend eine Aufwertung der zweiten Lebenshälfte als festes und robustes Element einer Gesellschaft des langen Lebens.**

Die zentrale Aufgabe des Älterwerdens ist es nicht, so sehe ich es heute mit 70 Jahren, sich an immer mehr Einschränkungen „erfolgreich“ anzupassen. Das ist natürlich von großer Bedeutung, aber steht nicht im Zentrum der Lebenswirklichkeit spät im Leben. Die große und nicht selten anstrengende, aber häufig auch genussreiche Aufgabe des Älterwerdens ist vielmehr, die Gleichzeitigkeit von *Verlusten*, von *Stabilitäten* in der Vielschichtigkeit und Reichhaltigkeit der über Jahrzehnte aufgebauten Lebenserfahrungen und Lebenseinsichten und von durchaus weiterhin möglichen *Gewinnen* als immanent zu der späten Lebensphase gehörend zu begreifen. Dieser Prozess des „Begreifens“ des Älterwerdens ist in ständiger Veränderung, und er dauert bis ans Lebensende. Auch ist er sicherlich sehr verschieden von alternder Person zu Person, aber seine Tragfähigkeit scheint doch durchgängig auf einigen fundamentalen „Gesetzen“ aufzubauen. Ich stelle mir das ähnlich wie einen Jumbo-Jet vor: Da ist es der Ingenieurswissenschaft gelungen, nun schon seit über 50 Jahren 400 bis 500 Menschen auch bei relativ großen und in Teilen nicht vorsehbaren Schwankungen in den unterschiedlichsten Wetterverhältnissen robust und sicher an den Zielort zu bringen. Nur sehr selten auftretende Konstellationen von versagender Pilotenkompetenz, Flugzeugtechnik und extremen Umweltverhältnissen führen in die Katastrophe. Könnte es bei unserem Älterwerden ähnlich sein? Daran glaube ich fest – mit einem großen Unterschied, und so entstand dieses Buch: Unser Älterwerden ist grundsätzlich nicht nur robust gegen die unterschiedlichsten Schwankungen in der Biologie oder Umwelt gewappnet; es beinhaltet sogar darüber hinaus einen „Netto“-Gewinn, der anderen Generationen zugutekommen kann. Oder noch anders und etwas blumiger gesagt: Älter werdende Menschen brauchen nicht all ihre Energie für ein möglichst langes und möglichst gutes Leben auf, sondern da bleibt noch was übrig – für das eigene Persönlichkeitswachstum, für andere, für die Gesellschaft, für nachfolgende Generationen, für die kommende Welt.

Mit dem vorliegenden Buch schließe ich an mein früheres Werk „Die neue Psychologie des Alterns" an (Wahl 2017). Mit der Positiven Alternspsychologie möchte ich mich nun ganz auf die Stärken der zweiten Lebenshälfte und des Älterwerdens konzentrieren. Ich verstehe unter menschlichen Stärken Eigenschaften, Sichtweisen und Handlungen, die von sehr großen Gruppen von Menschen auch über die meisten Länder und Kulturkreise hinweg als Auszeichnung des Mensch-Seins angesehen und akzeptiert werden. Sie sind gewissermaßen die Essenz des Mensch-Seins. Wenn man so ist, Menschen und Dinge so sieht und seine Handlungen so ausrichtet, dann würden die meisten sagen: Das ist gut.

Zwar ist bereits viel zu *einzelnen* Stärken des Älterwerdens geschrieben worden. Es gibt aber meines Wissens bislang kein Werk, in dem der Versuch unternommen wurde, ein tentatives Gesamtbild der menschlichen Stärken der zweiten Lebenshälfte zu zeichnen. Mein Argument in diesem Buch ist, dass wir nur mit einem solchen Gesamtbild menschlicher Stärken dem Defizitbild des Älterwerdens etwas wirklich Schlagkräftiges entgegensetzen können. Das allerdings setzt voraus, dass sich ein solches Gesamtbild aus den vorhandenen Befunden der *empirischen* Alternsforschung zeichnen lässt. Da müssen die Daten und die Evidenz zum psychologischen Älterwerden sprechen, nicht Wunschdenken oder Schön-Reden des Älterwerdens.

So möchte ich Sie herzlich einladen, dabei zu sein, wenn ich in diesem Buch die aktuelle Literatur der psychologischen Alternsforschung durchforste auf der Suche nach Positivem, nach den Stärken des Älterwerdens. Welche menschlichen Stärken bleiben im Verlauf des Lebens relativ stabil? Welche zeigen eventuell sogar einen gewissen Anstieg? Welche auch einen Abfall?

Dazu habe ich ein ganzes Bündel, ich nenne sie „Studien-Highlights", an gut gesicherten empirischen Forschungsbefunden aus den Verhaltenswissenschaften und ergänzend auch aus den Sozial- und Neurowissenschaften zusammengetragen. Am Ende sind es insgesamt 65 Studien-Highlights geworden, die empirisches Material zu menschlichen Stärken im Lebensverlauf beitragen konnten. Bitte beurteilen Sie am Ende des Buches selbst die Ausbeute meines Durchforstens, Suchens – und, ja, auch reichhaltigen Findens.

1 Stärken der zweiten Lebenshälfte: Die Suche beginnt

1.1 Weg mit der Defizitsicht des Alterns – Was stattdessen?

Oft wird heute argumentiert, die Defizitperspektive des Alterns sei überwunden, sie liege hinter uns – in der Wissenschaft, bei den heute alternden Menschen, in unserer Gesellschaft. Dabei wird einerseits gerne übersehen, dass wir es allesamt, als Wissenschaftlerinnen und Wissenschaftler in der Alternsforschung, als 18 Millionen Ältere in Deutschland, als Gesellschaft, noch nicht geschafft haben, sogenannten „Ageism", also Altersdiskriminierung der unterschiedlichsten Art, zumindest so zu ächten, wie es mittlerweile in anderen Diskriminierungsbereichen ja erfolgreich gelungen ist: im Bereich Gender, im Bereich Minoritäten, im Bereich Diversität. Da ist noch viel zu tun, aber dies ist nicht unser Thema in diesem Buch.

Andererseits ist festzustellen, dass heute kaum noch jemand öffentlich einer Defizitsicht des Älterwerdens das Wort reden würde. Ist damit schon automatisch eine positive Sicht auf Altern entstanden? Das scheint mir nicht der Fall zu sein, und es wäre ja auch merkwürdig, wenn positive, potenzialreiche Sichtweisen und Bewertungen des Alters gleichsam von selbst aus der (zumindest teilweisen) Zurückweisung seiner negativen Seiten erwachsen würden (Wahl 2023a).

Dabei fehlt es sicherlich nicht an Begrifflichkeiten für positive Alterssichtweisen, ja, die Alternsforschung der letzten Jahrzehnte hat geradezu inflationär derartige Konzepte produziert wie z. B. lebenszugewandtes, zufriedenes, kompetentes, konstruktives, aktives, gelingendes, gutes, produktives, sinnerfülltes, gesundes, und erfolgreiches Altern. Keines dieser Konzepte hat sich bislang wissenschaftlich, geschweige denn als regulativ hilfreiche Idee individuellen Alterns oder in Anwendungszusammenhängen durchgesetzt.

Aus meiner Sicht ist es aussichtslos, hier noch auf weitere Begrifflichkeiten mit Durchbruchspotenzial zu hoffen. Das an sich lobenswerte Bestreben, das Positive am Altern mit immer neuen Begrifflichkeiten zu belegen, scheint mir vielmehr gescheitert zu sein. Positive Alterssichtweisen nachhaltig und mit hohem Konsens zu etablieren, ist der Alternsforschung bislang nicht gelungen. Was an die Stelle einer Defizitperspektive treten soll scheint weiterhin unklar und ein schwieriges Unterfangen zu bleiben. Wir benötigen einen Neuanfang. Genau das versuche ich in diesem Buch mit einer Fokussierung der menschlichen Stärken der zweiten Lebenshälfte und des Älterwerdens.

Die Suche nach diesen Stärken muss mit definierten Suchrichtungen beginnen, sonst führt alles ins Uferlose. Ich habe mir dazu die folgenden Fragen gestellt:

1. Könnte es sein, dass jene, die über die längsten und reichhaltigsten Lebenserfahrungen verfügen, eben ältere Menschen, besonders gute Voraussetzungen dafür mitbringen, die Stärken eines guten Lebens zu entfalten?
2. Lassen sich mögliche Stärken der zweiten Lebenshälfte mit empirischen Studien zum Lebensverlauf belegen? Gibt es eventuell Befunde in der (psychologischen) Alternsforschung, die bislang mehr oder weniger übersehen wurden, wenn es um Stärken des Älterwerdens geht?
3. Welche Konsequenzen könnte es für alternde Individuen und unsere älter werdenden Gesellschaften haben, wenn wir die Stärken der zweiten Lebenshälfte deutlich ernster als bisher nehmen würden?

1.2 Menschliche Stärken – Warum sie entscheidend sind für unser Mensch-Sein

Ich wiederhole zum Einstieg ganz bewusst, was bereits in der Einleitung gesagt wurde: Ich verstehe unter *menschlichen Stärken* Eigenschaften, Sichtweisen und Handlungen, die von sehr großen Gruppen von Menschen auch über die meisten Länder und Kulturkreise hinweg als Auszeichnungen des Mensch-Seins angesehen und weithin akzeptiert werden. Sie sind gewissermaßen seine entscheidende Ausdrucksform – seine Essenz. Wenn man so ist, Menschen und Dinge so sieht und seine Handlungen so ausrichtet, dann würden die meisten sagen: „Das ist gut". Menschliche Stärken haben einen starken „hin zu"-Charakter („So sollte man leben und handeln"); sie sind damit aber auch gleichzeitig wertgeladen und „normativ". Viele von uns würden die in menschlichen Stärken liegenden Werte wie „Es ist gut, auf andere zuzugehen, Anteil zu nehmen, gerecht zu sein, dankbar zu sein …" unterstützen – das ist die Grundannahme des Buches. Ich möchte allerdings in diesem Buch auch niemandem, auch keinem älteren Menschen, etwas vorschreiben. Ich sage nur, dass mit einer hohen Wahrscheinlichkeit sich viele von uns zur Bedeutung von menschlichen Stärken bekennen. In einem erweiterten Verständnis …

- tragen menschliche Stärken zu so etwas wie menschlicher Erfüllung, Würde und Sorge für den Nächsten bei.
- besitzen menschliche Stärken ihren Wert gleichsam inhärent; sie sind kein Mittel zur Erreichung eines anderen Ziels, sondern sie sind das Ziel selbst.

- besitzen menschliche Stärken viel Überlappung mit dem, was bisweilen als ein „gutes“ Leben betrachtet wird, also ein Leben, das klug mit den gegebenen Ressourcen haushaltet, nicht auf Kosten von anderen voranschreitet und das andauernd Mitmenschlichkeit entfaltet.
- können menschliche Stärken keinen Schaden anrichten.
- sind menschliche Stärken hervorragende Eigenschaften mit einem, im besten Sinne, Vorbildcharakter. Sie drücken gewissermaßen Menschlichkeit in der bestmöglichen Weise und modellhaft zur Nachahmung aus.

So würde ich sagen: Eigentlich wissen Sie es, wissen wir alle es, was menschlich zählt, was menschliche Stärken sind. Vielleicht kann man sogar so weit gehen zu sagen, dass wir nicht nur wissen, was im menschlichen Leben „gut“ ist; wir alle wollen auch gut sein, uns als gut darstellen. Das scheint eine zentrale Triebfeder unseres Handelns zu sein. Und gilt sogar für Verbrecher:innen, die sich eigentlich für „gut“ halten bzw. hielten – wie etwa „Al Capone“ im Chicago der 1920/30er Jahre (Hart et al. 2024).

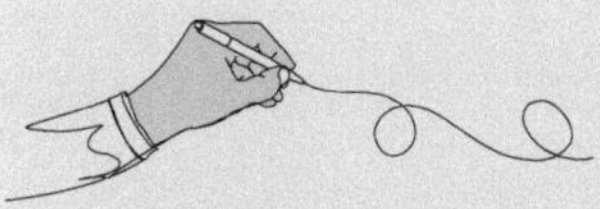

Kurz zusammengefasst: Die Defizitsicht auf Altern ist weitgehend überwunden in der Alternswissenschaft und bis zu einem gewissen Grad auch in unserer Gesellschaft. Was an ihre Stelle gesetzt wird ist aber noch nicht klar. Ich argumentiere in diesem Buch, dass es ein Weg dorthin sein könnte, menschliche Stärken in ihrer ganzen Breite und in ihrem lebenslangen Verlauf in den Blick zu nehmen.

2 Menschliche Stärken und Älterwerden: Wie uns die Antike bei der Suche helfen kann

2.1 Platon und Aristoteles

Menschliche Stärken und Schwächen des Älterwerdens und Alt-Seins sind in der Antike vielfach beschrieben worden. Stärken des Alterns, oft auch Tugenden genannt, lauteten etwa Weisheit, Lebenserfahrung, Geduld, Besonnenheit, Mäßigung, Ruhe und, ja auch dies, Freiheit (Brandt 2002). Aber auch von den Kalamitäten des späten Lebens und seinen Untugenden weiß die Antike viel zu berichten. Der ägyptische Gelehrte Ptahhotep (um ca. 2500 v. Chr.) schrieb dazu: „Wie qualvoll ist das Ende eines Greises! Er wird jeden Tag schwächer; (…) sein Herz findet keine Ruhe mehr; sein Mund wird schweigsam und spricht nichts mehr. Seine geistigen Fähigkeiten nehmen ab, und es wird ihm unmöglich, sich heute noch daran zu erinnern, was gestern war (…)" (Beauvoir 1977, S. 78).

Aristoteles (384 v. Chr. – 322 v. Chr.; zitiert nach Brandt 2002) sieht das hohe Lebensalter vor allem durch Schwäche charakterisiert. Und die körperlichen Verluste gehen auch nicht spurlos an uns vorüber, im Gegenteil: Sie (die „Greise") seien in der Regel schlecht gelaunt, argwöhnisch und mutlos, kleinherzig und knickerig, egoistisch und schamlos (Brandt 2002). Das mittlere Leben sei schön, nicht aber das junge und alte Leben, denn beide seien mit vielen Unzulänglichkeiten behaftet. Nur im mittleren Alter kann, so Aristoteles, Tugendhaftigkeit ihren Höhepunkt finden: Man besitzt schon viel Lebenserfahrung, Lebensweisheit und errungene Erfolge (Bildung, Familie, Beruf, reichhaltiges Interessensrepertoire, Status), hat sich gleichzeitig noch viel an Jugendlichkeit bewahrt und die „Schrecken des Alters" noch nicht als Lebensrealität, sondern „nur" als Zukunft vor Augen. Diese Sicht auf menschliche Entwicklung hat manches für sich – gerade heute und in den Rahmungen der sogenannten Leistungsgesellschaft. Macht, Status, Anerkennung, eine erfolgreiche Familiengeschichte – das sind heute mehr denn je die Insignien des mittleren Lebensalters.

Allerdings sieht sich die mittlere Lebensphase in der Moderne und vor allem Postmoderne auch neuen Herausforderungen und Belastungen gegenüber (das mag zu Aristoteles Zeiten anders gewesen sein): Das mittlere Alter ist heute jene Entwicklungsperiode, in das wir am meisten hineinpacken: Berufliche Leistung, nicht selten mit bedeutsamen Stressanteilen, gemeinsame Berufstätigkeit beider Partner, im Mittel zwei Kinder mit vielschichtigen und zeitraubenden

Entwicklungs-, Ausbildungs-, Lern- und Freizeitgestaltungsbedürfnissen, dem Anspruch, all dies super-optimal hinzulegen – und sich dabei auch noch selbst, als Mann, Frau, Person, Paar deutlich weiterzuentwickeln, die Work-Life-Balance besser als frühere Generationen zu leben – und noch einiges mehr. Alles auf der einen Seite grundsätzlich sehr gute Dinge. Doch das mittlere Alter hat sich heute leider zu einer stresshaften „Rush Hour des Lebens" entwickelt. In der Tat deuten Befunde psychologischer Forschung aus den USA darauf hin, dass es bei Menschen im mittleren Alter (45 bis 64 Jahre) zwischen 1990 und 2010 zu einem mittleren Anstieg an täglichem Stress von 19 % gekommen ist; das waren umgerechnet in Tage bei den 2010 untersuchten Personen 64 stressreiche Tage mehr bei den 1990 beobachteten Personen gleichen Alters (Almeida et al. 2020).

Aber es gab auch immer schon die andere Sicht auf die zweite Lebenshälfte und das höhere Lebensalter. Vor allem Platon (428/29 v. Chr. – 348/47 n. Chr.; zitiert nach Brandt 2002) stellte die Besonnenheit und Weitsicht heraus, die ihre höchsten Ausprägungen erst im hohen Alter fänden. Dies allerdings wurde keinesfalls als Effekt des Älterwerdens gesehen, auf den man eben nur mit Geduld warten müsste. Vielmehr sind nach Platon permanente geistige Anstrengung und stetige Lernbereitschaft notwendig, die dann allerdings zu einem geistigen Niveau führen können, welches Jüngere gleich welche Anstrengung sie auch vollbringen verwehrt bleibe (Brandt 2002). Aus diesem Grunde sollten nach Platon auch nur Ältere hohe politische Ämter begleiten und schwierige Gerichtsentscheidungen, vor allem Todesurteile, entscheiden.

2.2 Cicero und Seneca

In Ciceros (106 v. Chr. – 43 v. Chr.) Alterswerk „Cato Maior de Senectute" (44 v. Chr.; zitiert nach Brandt 2002) tritt nicht Cicero selbst, sondern ein Protagonist, der altgewordene Cato, mit seinen Sichtweisen zum Älterwerden auf. Es geht dabei vor allem darum, mit den (schon damals!) vorhandenen Vorurteilen dem hohen Lebensalter gegenüber aufzuräumen, etwa dieses sei untätig, ausschließlich von Schwäche gekennzeichnet, und nicht mehr zu Genuss und Freude in der Lage. Der römische Gelehrte Seneca (ca. 1 n. Chr. – 65 n. Chr.) gehörte der Philosophenschule der Stoa an. Senecas großes Thema ist die Seelenruhe, vielleicht würde man auf Neudeutsch „Peace of Mind" sagen. Es geht Seneca um die richtige moralische Grundhaltung als höchstes Gut des menschlichen Lebens (Hossenfelder 1996). Die höchste Tugend besteht darin, dem jedem menschlichen Leben eigenen Streben nach Glückseligkeit (eudaimonia) möglichst gute Entwicklungsbedingungen zu bieten. Und das – so Seneca, so die Stoiker – funktioniert am besten durch Bescheidenheit, Affektbeherrschung, Apathie (Leidenschaftslosigkeit), Gerechtigkeit und Selbstlosigkeit. Das tugendhafte Leben in diesem Senecaschen Sinne braucht manches, aber nicht unbedingt ein immer längeres Leben.

Da fühle ich mich wieder als heute tätiger Alternsforscher herausgefordert und würde sagen, dass wir auch bei einer Untersuchung der menschlichen Stärken der zweiten Lebenshälfte die *Länge* des heutigen Lebens gut im Auge behalten müssen. Die nahezu Verdopplung unserer Lebenserwartung bei Geburt in den zurückliegenden 150 Jahren hat Sehnsüchte nach einem immer längeren Leben durchaus bis zu einem gewissen Grad erfüllt (Wahl 2023). Und die Lebenserwartung steigt bekanntlich weiter mit etwa 2 Monaten pro Jahr an. Diese demografische Realität hat neue Erfahrungswelten erschlossen, denn wer wusste schon im Mittelalter oder zu Zeiten des Dreißigjährigen Krieges, wie es sich anfühlt, in einem 9. oder 10. Lebensjahrzehnt zu stehen? Nur wenige, in der Regel die Privilegierten – und selbst diese statistisch gesehen selten. Zudem haben sich in Folge der demografischen Entwicklungen neue Differenzierungen im späten Leben ergeben, so z. B. die Unterteilung nach einem Dritten und Vierten Alter (wir kommen darauf zurück). Der Tod als frühes durchaus reales Risiko auch für junge Menschen ist relativ erfolgreich ins späte Leben abgedrängt worden. Die Erwartungen an gutes Altern haben sich im Laufe der zurückliegenden Jahrzehnte deutlich gewandelt. All dies stellt eine Erörterung der Stärken des späten Lebens heute vor neue Herausforderungen.

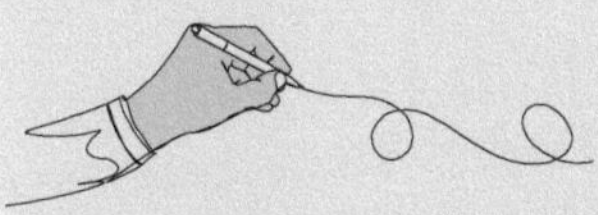

Kurz zusammengefasst: Stärken des Älterwerdens und Alt-Seins sind in der Philosophiegeschichte vielfach beschrieben worden, dies allerdings sehr kontrovers, von einzigartigen, nur im höheren Lebensalter möglichen Leistungen bis zur „Altersklage". Nehmen wir diese Sichtweisen nun mit in die folgende Einführung in die Positive Alternspsychologie.

3 Gesucht und gefunden: Menschliche Stärken in der Positiven (Alterns-)Psychologie

3.1 Menschliche Stärken in der Positiven Psychologie

Frage: Können menschliche Stärken Gegenstand einer empirischen Wissenschaft wie der Psychologie werden? Hier nun schließt sich aus meiner Sicht ein Kreis zur Diskussion um die Defizitperspektiven des Alterns. Denn auch die Psychologie hat sich im Lauf ihrer mehr als 100-jährigen Geschichte vor allem verstanden als Wissenschaft, die psychische Pathologien und entsprechende Reparaturmechanismen zu erforschen hat – und nicht das, was alles gut und manchmal sogar optimal läuft im Leben, zu Lebensglück führt. Das erinnert etwa an die Medienkultur, die viel stärker an Unglück, Mord und Sensation interessiert ist als an dem ganz normalen und anscheinend ja so ereignislosen Alltagsleben. Grob geschätzt haben sich in der psychologischen Forschung etwa 90 % aller Forschungsarbeiten und Studien mit Depression, Angst, sonstigen negativen Emotionen, Verlusten, sozialen Defiziten, abweichendem Verhalten usw. beschäftigt. Absolut wichtig, aber auch absolut einseitig. Es gab schon immer auch Gegenbewegungen, etwa die sog *Humanistische Psychologie* in den 1950er Jahren. Sie argumentierte, dass Menschen an sich über eine Vielzahl von Ressourcen und Potenzialen verfügen, um ihr Leben (und Älterwerden) gemäß eigenen Bedürfnissen so zu gestalten, dass tiefe Zufriedenheit und Erfüllung bis zum Lebensende möglich werden. Aber da wurde dann auch schnell argumentiert, dies alles könne man nicht messen, es sei idealisierendes Wunschdenken, das der harten Realität psychischer Risiken nicht gerecht würde. Etwa ab den 1990er Jahren hat sich allerdings aus diesen psychologischen ‚Pflänzchen' eine neue psychologische Pflanze entwickelt, die gemeinhin als *Positive Psychologie* („Positive Psychology") bezeichnet wird.

Positive Psychologie fragt nach den Stärken und Potenzialen menschlichen Lebens und menschlicher Entwicklung, nicht so sehr nach deren Abgründen (siehe z. B. Aspinwall & Staudinger 2003; Seligman et al. 2005): Was hält uns gesund? Was macht das menschliche Leben lebenswert und sinnhaft? Wie können wir unser Leben so gestalten, dass Miteinander, gegenseitiges Vertrauen, Glaube an die Kraft in einem selbst, aber auch in anderen, selbstloses Zupacken dort, wo Not und Unterstützungsbedarfe bestehen, möglich werden?

Die Ambition der empirisch arbeitenden positiven Psychologie ist es nun, solche Konzepte vornehmster Menschlichkeit messbar zu machen. Dazu verfügt die psychologische Forschung zwischenzeitlich über eine große Zahl an meist auf Selbstbericht ausgerichteten Instrumenten, die menschliche Stärken erfassen können. Eigentlich macht die Positive Psychologie nichts anderes als auf diesen Traditionen psychologischer Forschung aufzubauen mit dem Ziel, die guten Seiten menschlicher Entwicklung viel deutlicher als bislang geschehen theoretisch und empirisch in den Vordergrund zu rücken.

Nun muss es allerdings vor allem darum gehen, was die Positive Psychologie als „menschliche Stärken" bezeichnet. Kann es dabei gelingen, ein vollständiges, absolut befriedigendes und letztgültiges System von menschlichen Stärken zu kreieren? Die Antwort ist ein klares „Jein". Die Facetten eines guten und mit menschlicher Größe versehenen Lebens sind vielfältig, vielschichtig und sicherlich nicht unstrittig. Dennoch: In der Positiven Psychologie hat sich zwischenzeitlich ein gewisser Konsens hinsichtlich der für die psychologische Forschung besonders relevanten und empirisch untersuchbaren menschlichen Stärken ergeben. In dem weithin anerkannten System von Seligman et al. (2005) sind dies die in Tabelle 1 dargelegten Stärken.

Tabelle 1: Menschliche Stärken (Human Strengths) in der Positiven Psychologie, angelehnt an Seligman et al. (2005)

Menschliche Stärke (Human Strength)	Kurzbeschreibung
Mäßigung	Selbstregulationsfähigkeit (Self-Regulation); nicht zu viel und nicht zu wenig von allem, was im Leben zählt
Humanität	Beziehungen mit anderen Menschen wertschätzen
Weisheit	Gutes Urteilsvermögen
Mut	Herausfordernden Lebenssituationen mit Mut begegnen; sich nicht unterkriegen lassen
Gerechtigkeit	Gerechtes Handeln
Transzendenz	Offenheit für spirituelle Ebenen und Distanz zu Materiellem

Auf der einen Seite ließe sich wohl sagen, die in Tabelle 1 aufgeführten menschlichen Stärken seien gewissermaßen selbstevident. Es geht um Wissen, Werte und Haltungen zum Leben, ohne die unser Leben nicht lebenswert wäre. Viele von uns würden diese Sichtweise wohl teilen.

Auf der anderen Seite ist schon auch klar: Bevor wir zu der empirischen Erforschung von Stärken des späten Lebens kommen, müssen wir explizit sagen, dass wir hier keineswegs wertfrei sind. Die Positive Alternspsychologie will, ganz ähnlich wie die ‚Positive Psychology', gar nicht wertfrei sein. Sie will bestimmte Wertmaßstäbe guten Alterns unterstützen. Sie möchte sich zu bestimmten Werten des menschlichen Lebens und Alterns bekennen, diese hochhalten. Sie ist normativ. Vertiefen wir nun dies alles mit einer eindeutigen Bezugnahme auf das höhere Lebensalter.

Kurz zusammengefasst: Die Positive Psychologie („Positive Psychology") ist inzwischen gut etabliert. Sie stellt die Stärken und Potenziale menschlichen Lebens und menschlicher Entwicklung ganz in den Vordergrund und will dies empirisch untermauern. Die Positive Alternspsychologie überträgt dies auf das Älterwerden bzw. auf die psychologische Alternsforschung.

3.2 Was die Positive Alternspsychologie (PAPs) zur Positiven Psychologie beitragen kann

Ich meine, es wird höchste Zeit, dass wir die grundlegenden Überlegungen der Positiven Psychologie auch auf unser Älterwerden anwenden. Die Positive Psychologie selbst hat dies leider bislang erst in Ansätzen getan. Das muss weitergeführt werden. Wenn es so etwas wie menschliche Stärken für ein gutes Leben gibt, dann muss auch danach gefragt werden, wie sich diese in einer Sicht lebenslanger Entwicklung und im höheren Lebensalter darstellen. Wir benötigen eine Positive Alternspsychologie (PAPs)!

Die häufige Negativzeichnung des späten Lebens in unserer Gesellschaft und in vielen Ländern des sogenannten Westens, auch in Deutschland, kann den Blick darauf verstellen, wie menschliche Stärken sich lebenslang entwickeln, und wie sie sich spät im Leben darstellen. Das Abfällige, die dominierende Negativstereotypisierung des späten Lebens, sind zu einem *Halo-Effekt* geworden, d.h. sie werden schnell auf alle Älteren und Alter schlechthin verallgemeinert. So ist halt nun 'mal Altern. Alter und spätes Leben sind nach diesem Narrativ schlecht, dazu braucht es keine weitere Forschung, keine weitere Evidenz. Es ist sozusagen robustes Weltwissen. In der COVID-19-Pandemie hat sich diese Sichtweise wahrscheinlich noch weiter verstärkt bzw. die Pandemie könnte uns als Gesellschaft als endgültige Bestätigung der großen Verletzlichkeit des späten Lebens und „der Alten" in Erinnerung bleiben.

Natürlich soll demgegenüber keiner Überhöhung und Lobhudelei des Älterwerdens das Wort geredet werden, auch keiner Beschönigung oder Ignoranz der großen Herausforderungen des Älterwerdens. Es ist für mich schlicht eine empirische Frage der Entwicklungspsychologie der Lebensspanne: Was wissen wir heute, nicht zuletzt mit den heute zur Verfügung stehenden Daten und Ergebnissen aus Längsschnittstudien, dazu, wie menschliche Stärken sich lebenslang entwickeln und im späten Leben ausgestalten? Ich behaupte, dass wir hier derzeit schlicht eine Situation der Unterkomplexität vor uns haben, weil wir uns als Alternsforscherinnen und Alternsforscher bislang viel zu wenig den möglichen Stärken des Älterwerdens empirisch zugewendet haben.

Hier kommt nun noch ein Gedanke ins Spiel, der bereits in der Einleitung dieses Buches angeklungen ist: Es gibt an sich zahlreiche Arbeiten und Veröffentlichungen zu einzelnen Stärken der zweiten Lebenshälfte. Das ist sehr gut. Da geht es dann z. B. um die Produktivität älterer Menschen (Staudinger & Kessler 2018), um ihr Lebenswissen (Staudinger 2005), ihre Anpassungsfähigkeit in Bezug auf die Aufrechterhaltung von Zufriedenheit (Wahl 2017) oder ihre Widerstandsfähigkeit gegenüber Widrigkeiten des sehr hohen Alters (Kruse 2017). Ähnlich wie in der Positiven Psychologie geht es in der PAPs nun aber darum, ein tentatives Gesamtbild von solchen Stärken des Älterwerdens zu zeichnen. Sollte sich tatsächlich herausstellen, dass es doch eine beeindruckende Zahl an menschlichen Stärken gibt, die nach den vorliegenden empirischen Befunden nicht mit dem Älterwerden den Bach hinunter gehen, sondern mindestens stabil bleiben, eventuell sogar ansteigen, dann hätten wir wirklich etwas in der Hand als Alternsforscher:innen – aber auch für uns alle Alternde, für ein zukünftig ausgewogeneres Altersbild und damit letztlich für uns als Gesellschaft insgesamt.

Solche Stärken könnten übrigens nicht zuletzt auch darin zum Ausdruck kommen, mit den Verlusten des Alterns so souverän wie möglich umzugehen. Selbstkritisch möchte ich hier meine eigenen Forschungen zu schweren Sehbehinderungen spät im Leben erwähnen. Ich wollte in den vielen Interviews mit alten und sehr alten Menschen mit derartigen Beeinträchtigungen, die ich vielfach auch selbst und ausschließlich mit international etablierten und standardisierten Instrumenten (etwa zu depressivem Erleben) führte, vor allem meine auf die Behinderung abzielenden „Items" beantwortet haben. Und ich fand in der Tat eine erhöhte Depressivität und eine deutliche Einschränkung vor allem der außerhäuslichen Selbständigkeit. Und ich konnte meine Befunde zusammen mit Kolleginnen und Kollegen (z. B. Kathrin Boerner, Vera Heyl, Amy Horowitz, Oliver Schilling) in sehr guten wissenschaftlichen Zeitschriften der Gerontologie publizieren. Weniger in meinem Instrumentarium abgebildet war aber das, was ich in durchaus ausführlichen Schilderungen vor, zwischen und nach meiner möglichst standardisierten Befragung erfuhr: Da gelang es einer 94-jährigen Frau aus Ludwigshafen mit einer schweren und irreversiblen Seheinschränkung, immer noch etwa einmal im Monat ihre Tochter in Karlsruhe zu besuchen. Da berichtete mir eine Frau Mitte 80, dass sie nun wieder Reisen mit Betreuung unternehmen würde („Und da habe ich gelernt, mit den Händen zu sehen"). Da trafen sich Ältere mit schweren Seheinschränkungen in Selbsthilfegruppen und berichteten über menschlich wertvolle und intensive Begegnungen im gemeinsamen Austausch über die Behinderung, aber auch weit darüber hinaus. Da tat bei einem älteren Mann die schwere Sehbehinderung dem Großvaterglück keinen Abbruch. All dies fand leider so gut wie keinen Eingang in unsere wissenschaftlichen Veröffentlichungen zum Erleben von Sehbehinderung im späten Leben.

Ob aber die PAPs tatsächlich auch eine empirische Berechtigung besitzt, das muss sich erst noch zeigen. In diesem Buch sei dazu ein erster Schritt getan. Die Zielsetzung einer solchen PAPs lassen sich etwa wie folgt umreißen: Der Ausgangspunkt der PAPs besteht darin, dass bislang der Schwerpunkt der Alternswissenschaft eindeutig und wie selbstverständlich darauf gerichtet war, die Defizite und Verluste des Älterwerdens abzubilden und differenziert zu erfassen. Das bedeutet nicht, dass es keine Forschungsarbeiten zu „Gewinnen" des Älterwerdens und der zweiten Lebenshälfte gegeben hätte. Es gab und gibt sie, und sie werden natürlich in der PAPs eine bedeutsame Rolle spielen. Im Gesamt hat sich die Gerontologie allerdings zu sehr auf „Abbau" in der zweiten Lebenshälfte kapriziert und viel zu wenig auf das, was möglicherweise alles auch später im Leben stabil bleibt oder gar Wachstum zeigt. Die PAPs geht dabei nicht davon aus, dass in jedem Fall bereits empirisch gesichert ist, dass Älterwerden mit einem hohen Maß an menschliche Stärken ausgestattet ist. Sie sieht die empirische Untersuchung von Stärken der zweiten Lebenshälfte vielmehr als ein bislang zu wenig umgesetztes Forschungsprogramm der Alternsforschung an. Das nun angegangen werden muss.

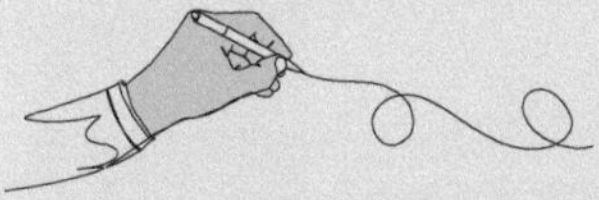

Kurz zusammengefasst: Die Positive Alternspsychologie (PAPs) geht davon aus, dass die Defizitperspektive des Alterns dringend einer Prüfung dahingehend bedarf, welche empirische Evidenz in Bezug auf die Stärke des Älterwerdens vorliegt. Es wird gefragt, wie sich ein solch tentatives Gesamtbild menschlicher Stärken im späten Leben darstellt. Die PAPs will insofern nicht zuletzt auch zusammenbinden, was es an Einzelbefunden zu Stärken des Älterwerdens bereits gibt.

4 Stärken der zweiten Lebenshälfte zu einer Wissenschaft machen: Die Positive Alternspsychologie

Menschliche Stärken sind in jeder Phase des Erwachsenenlebens bedeutsam. Dennoch: Die Rahmenbedingungen zur Entfaltung von menschlichen Stärken sind in jeder Phase unseres Lebens unterschiedlich. Ich argumentiere nun in diesem Buch, dass die Wahrscheinlichkeit von förderlichen Bedingungen für die oben in Tabelle 1 zusammengestellten menschlichen Stärken entlang unserer lebenslangen Entwicklung günstig sind und eventuell sogar zu einem Ansteigen derselben führen können. Es sind vor allem die folgenden Argumente, die mich zu diesen Annahmen gebracht haben.

4.1 Menschliche Stärken im Lebensverlauf und in der zweiten Lebenshälfte: Wichtige Argumente

Argument 1: Anerkannte Theorieentwürfe lebenslanger Entwicklung mit „Wachstumsdynamik" beim Wort nehmen

Theorien der menschlichen Entwicklung über die Lebensspanne haben, nicht unähnlich den oben skizzierten Sichtweisen in der Philosophie, schon immer beides beinhaltet: Modelle des menschlichen „Verfalls" gegenüber einem möglichen Wachstum. Zwischen beiden Sichtweisen findet sich relativ konsistent ein interessanter Unterschied: Modelle der Regression, des Rückgangs, des Verlusts mit zunehmendem Alter haben es in der Regel nicht für nötig befunden, den „Verfall" detailliert zu beschreiben. Vielmehr wurde dieser, nicht selten nach einer Lobeshymne auf die Reichhaltigkeit und Dynamik des früheren Lebens, eben als gesetzt und gegeben gesehen – kein Anlass für tiefergehende Erörterungen. Man sah sich im Einklang mit einem bereits existierenden Weltwissen, etwa das Alter zu sehen als den Winter des Lebens, die sinkende Sonne im Laufe eines Tages oder als das biologisch Unvermeidbare. Wissenschaftlichkeit erlangte diese Sichtweise vor allem anhand von medizinischen Begriffen wie Abbau und Rückbildung, die vielfach z. B. in Krankenakten von Älteren auftauchten.

Wachstumsorientierte Theorien konnten hingegen nie auf (angeblich) Selbstverständliches Bezug nehmen, sondern mussten tiefer schürfen bzw. weiter ausholen. Die große Entwicklungspsychologin Charlotte Bühler rekurrierte etwa in ihrem Werk „Der menschliche Lebenslauf als psychologisches Problem" (1933) vor allem auf extensives Quellenmaterial in Gestalt von 200 Lebensläufen von Wissenschaftlern, Technikern, Künstlern und Politikern. Zusätzlich erhob sie 50 sehr ausführliche Anamnesen von Wiener Altersheimbewohnern, und sie wertete außerdem noch weitere verfügbare statistische Daten aus. Heute kann man sicherlich zu Recht den der Studie zugrunde liegenden methodischen Ansatz als überholt und vor allem viel zu selektiv bezeichnen. Dennoch: Die akribischen Analysen Bühlers etwa von Künstlerbiografien und den darin zum Ausdruck kommenden Zusammenhängen von Werkfülle und Lebensalter sind bis heute eine Quelle der Inspiration; sie demonstrieren, dass es vor allem im Bereich der schriftstellerischen Betätigung, der bildenden Kunst und der Musik nicht selten Alterswerke bzw. Altersschaffenshöhepunkte geben kann.

Der Psychoanalytiker und Lebenslaufforscher Erik H. Erikson hat vor allem mit seinem 1950 erschienenen Buch „Childhood and Society" (deutsch: Kindheit und Gesellschaft 2005) den traditionell ganz auf die Kindheitsphase zugeschnitten psychoanalytischen Ansatz (er hatte als junger Mann Austausch mit Sigmund Freud in Wien) durch eine Art „psychoanalytisches Durchbuchstabieren" des Lebenslaufs in Richtung einer lebensumspannenden Perspektive erweitert. Er argumentiert dazu in Termini von *psychosozialen Krisen*, die über den gesamten Lebenslauf in unterschiedlicher Thematik verteilt sind, und die bewältigt werden müssen, um „erfolgreich" zu altern. Die typische Herausforderung des mittleren Erwachsenenalters ist aus seiner Sicht *Generativität*. Diese meint nicht nur die Sorge für die eigenen Kinder, sondern auch in einem allgemeineren Sinne die Sorge für nachfolgende Generationen. Im späten Leben besteht die Herausforderung, so Erikson, zudem darin, *Ich-Integrität* zu finden. Erikson meint damit einen Zustand von Befriedigung mit dem stattgefundenen Leben und der nun im Alter nicht mehr grundlegend veränderbaren Lebensgestalt. „Sein, was wir geworden sind" – so hat es Erikson in einer schönen Kurzformal beschrieben (dazu auch Flammer 2017). Im besten Fall kann sie, so Erikson, sogar dem Tod seinen Stachel nehmen, weil das gelebte Gute gewissermaßen den Tod in den Schatten stellt. Es gibt allerdings nach Erikson auch keine Entfaltungssicherheit; Ich-Integrität kann scheitern, weil man gravierende Begebenheiten im eigenen Leben und Entscheidungen bereut und am liebsten noch einmal leben möchte, um dann mehr Befriedigung im Leben zu erlangen. Das kann dann nach Erikson am Ende des Lebens in Verzweiflung, Ablehnung des eigenen Lebens und Negativität münden. Insgesamt liegen uns also schon gewichtige Überlegungen dazu vor, dass das späte Leben Bedingungen für qualitative neue Entwicklungsschritte mit sich bringen kann. Wie dies aktuelle Theorien lebenslanger Entwicklung sehen, werden wir weiter unten im Buch im Zusammenhang mit unserer empirischen Erkundung von menschlichen Stärken im höheren Lebensalter ausleuchten.

Argument 2: Die akkumulierte Lebenserfahrung kann erst im fortgeschrittenen Leben geerntet werden

Je älter wir werden, desto mehr Lebenserfahrung kumuliert in beide Richtungen, in gute und weniger gute. Wir können eigentlich, ob wir wollen oder nicht, nicht anders, als diesen reichhaltigen, mit positiven und weniger positiven Erfahrungen angefüllten „Lebensrucksack" zur Kenntnis zu nehmen, immer wieder neu zu bewerten (so können „negative" Erfahrungen spät im Leben durchaus als hilfreich für die eigene Weiterentwicklung betrachtet werden), Lehren daraus zu ziehen und schwierige Erfahrungen zumindest z. T. zu integrieren. Anders ausgedrückt: Ältere Menschen haben das tiefe Bedürfnis, das bereits viele Jahrzehnte gelebte Leben mit in ihre Lebensgegenwart und Lebenszukunft zu nehmen, bisweilen neu zu sortieren, zu eventuell neuen Einsichten zu kommen. Wir stehen, wie Ursula Staudinger (1990) geschrieben hat, je älter wir werden immer deutlicher vor der Aufgabe eines „Ordnen des Getanen" (S. 60). Dieser Gesamtprozess sollte menschliche Stärken wie das Wissen darüber, wie das Leben funktioniert, was hilfreiche und weniger hilfreiche Strategien im Leben sind, um Herausforderungen im Leben zu meistern, befördern.

Argument 3: Die sich immer mehr verkürzende Zukunftsperspektive im Alter bringt uns stärker zu den „Essentials" des Lebens

Ältere Menschen sehen sich immer knapper werdenden Zeitressourcen gegenüber, ihre Zukunftssicht verkürzt sich immer weiter. Das wird häufig als negatives Entwicklungsgeschehen, als eine der negativsten Seiten des Alterns betrachtet. Meine Zeit auf dieser Welt läuft ab. Vor allem die sogenannte *sozioemotionale Selektivitätstheorie* der amerikanischen Lebenslauf- und Alternsforscherin Laura Carstensen (2006) hat demgegenüber argumentiert, dass die erlebte Verkürzung der Zukunft auch viel Gutes mit uns macht: Sie führt uns die Bedeutung von nahestehenden sozialen Beziehungspartner:innen vor Augen, sie gibt uns Motivationskraft, in enge soziale Beziehungen zu investieren und diese proaktiv aufrechtzuerhalten, wenn sich Krankheiten und Funktionsverluste häufen. Man könnte auch sagen, die verkürzte Zukunftsperspektive zeigt uns in besonders prägnanter Weise, was im Leben zählt und worauf es „am Ende" ankommt. Das sollte eine hilfreiche Bedingung für die Entfaltung von menschlichen Stärken spät im Leben sein.

Argument 4: Spät im Leben ist die Sorge für die Nachwelt am höchsten

Menschen empfinden vor allem spät im Leben Verantwortung für ihre Nachwelt. Erikson hat dies Generativität genannt, wie bereits oben dargestellt. Erst später im Leben entwickelt sich ein starkes Bedürfnis, nachfolgenden Generationen, im familiären Kreis, aber auch drüber hinaus, etwas Hilfreiches, Entwicklungsförderndes, Dauerhaftes zu hinterlassen. Und nachfolgende Generationen nicht zu belasten. Dieses in die Zukunft gerichtete, über das eigene Leben hinausgehende Denken und Handeln sollte einen fruchtbaren Boden auch für die Erhaltung und Entfaltung von menschlichen Stärken in der zweiten Lebenshälfte bereitstellen.

Argument 5: Das Gefühl, noch gebraucht zu werden, gewinnt in der nachberuflichen Zeit besonders an Bedeutung

Sinnsuche, auch spät im Leben, hat es sicher schon immer gegeben. Aber es lässt sich durchaus argumentieren, dass diese essenzielle Aufgabe menschlicher Entwicklung – mit einer historisch gesehen noch nie so langen nachberuflichen Phase – noch anspruchsvoller geworden ist. Der manchmal fast alles bestimmende Kontext beruflicher Tätigkeit fällt weg und damit auch eine über Jahrzehnte bestehende Tagesstruktur. Dieses Vakuum muss gefüllt werden, und dies in einer Länge, wie historisch nie zuvor. Hier liegen wohl auch die Beweggründe für die beeindruckende Bereitschaft zum Freiwilligenengagement der heute Älteren. Dieses ist in der Gruppe der über 65-Jährigen in den zurückliegenden 25 Jahren am stärksten angestiegen. Hier werden menschliche Stärken in Bezug auf Selbstlosigkeit und „Ehrenamt" wie selbstverständlich gelebt und vorgelebt.

Argument 6: Späte Freiheiten in der heute langen nachberuflichen Phase ermöglichen Neuorientierungen und Neuakzentuierungen

Im späten Leben werden die meisten von uns das Korsett des Jobs los und Zeit tut sich als neuer Möglichkeitsraum auf. Endlich Zeit haben, das scheint auch nach entsprechenden Studien eine der neuen Erfahrungen in der nachberuflichen Zeit zu sein. Gleichzeitig sind die „richtigen" Rollen eines guten Alterns heute noch durchaus wenig definiert: Darf ich faul sein? Muss ich von früh bis spät aktiv sein? Darf ich mein Geld für mein eigenes Leben ausgeben oder muss ich für Kinder und Enkel sparen? Was kann ich im Alter falsch machen? Das klingt anstrengend, aber hier hat Älterwerden in unserer Gesellschaft auch die Kraft der Erneuerung. Neue Positionierungen des Älterwerdens sind gefragt. Unterschiedliche Spätlebensstile bereichern letztlich auch unsere Gesellschaft insgesamt. Der österreichische Alternssoziologie Leopold Rosenmayr (1983) hat bereits damals mit viel Weitsicht von der „späten Freiheit" geschrieben, die gestaltet werden will. Nach Jahrzehnten des „Hamsterrad-Lebens" haben wir die Chance, noch einmal „in Ruhe" über das nachzudenken, was uns wirklich wichtig ist im Leben. Vielleicht legen wir nochmals los, wie sich etwa in einem anwachsenden Unternehmertum spät im Leben zeigt. Werteorientierung und Klarheit über die eigenen Werte – das wird insgesamt mit dem Älterwerden wichtiger. Auch dies sollte die Entfaltung von menschlichen Stärken unterstützen.

Argument 7: Mit dem Älterwerden geht die Bedeutung der physisch-technisch-materiellen Sphäre zurück und die Offenheit für das „Dahinter" wird größer

Ältere Menschen erleben nicht selten Besitz als Belastung. Große Geldgeschenke an die Kinder oder Enkel können stressreduzierend sein. Man muss sich nicht mehr um dieses ganze Geld und die diversen Bankangelegenheiten kümmern. Die Einrichtungsgegenstände der eigenen Wohnung, die Qualität des Autos, die High-End Technologie wo auch immer – all dies scheint mit dem Älterwerden eher an Bedeutung zu verlieren. Und gleichzeitig öffnen sich eher spirituelle Ebenen, eine bereits gelebte Religion gewinnt an Bedeutung, Dankbarkeit dem Leben gegenüber kann sich entfalten. Damit ergeben sich weitere gute Voraussetzungen für den Erhalt menschlicher Stärken, speziell des über das eigene Leben Hinaus-Denkens.

Nimmt man diese sieben Argumente zusammen, so scheint es gar nicht so schlecht damit bestellt zu sein, dass gerade im höheren Lebensalter menschliche Stärken einen besonders guten „Nährboden" finden bzw. zumindest keinem „Altersabbau" unterliegen. Eines scheint dennoch auch klar zu sein: Es ist nicht das reine chronologische Älterwerden, das die Entfaltung von menschlichen Stärken gewissermaßen automatisch fördert. Vielmehr ist es ein komplexes Ineinandergreifen von potenziell förderlichen Bedingungen und „Nährböden", von aktiven Formen der Auseinandersetzung mit den eigenen Lebenserfahrungen und sicherlich auch von Zufallsfaktoren wie z. B. der Erfahrung einer schweren Erkrankung bereits früh im Leben. Diese Entwicklungsprozesse verlaufen zwischen alternden Individuen deutlich unterschiedlich. Bei Subgruppen von Älteren können sie gar ins Gegenteil umschlagen, führen zu Dogmatismus, Intoleranz und Kleingeist. Bei anderen wiederum könnten menschliche Stärken so überhöht werden, dass sie nahe an Gutmenschentum und eine Überhöhung der eigenen Person heranrücken. Mir geht es um das große Mittelfeld zwischen diesen Extremen. Die Älteren könnten im Mittel gesehen die Altersgruppe sein, bei der menschliche Stärken stabil bleiben bzw. sogar Anstiege zeigen. Das wäre dann mit einer Defizitperspektive des Älterwerdens wohl kaum in Einklang zu bringen.

4.2 Zoomen auf sechs Stärken der zweiten Lebenshälfte

In Tabelle 2 (erste Spalte) werden menschliche Stärken der zweiten Lebenshälfte und ihre zentralen Aspekte zusammengestellt. Sie besitzen große Überlappung mit jenen der Positiven Psychologie allgemein; allerdings sind die Bezeichnungen teilweise etwas abgewandelt bzw. erweitert, denn die zweite Lebenshälfte kommt mit einigen Besonderheiten: (1) Selbstregulation und Mäßigung, (2) Humanität und Sorge für die Mitwelt, (3) Lebenswissen und Lebensklugheit, (4) Mut in herausfordernden Situationen, (5) Gerechtigkeit, gutes Urteilen und Interessensausgleich, (6) Generativität und Transzendenz.

In der zweiten Spalte der Tabelle berücksichtigen wir jeweils zwei zentrale Aspekte menschlicher Stärken und geben eine Kurzbeschreibung in der dritten Spalte. Inspirierend dafür war, dass ergänzend auch spezifische Befunde der Alternsforschung und spezifische Herausforderungen des Älterwerdens berücksichtigt werden sollten, die so in der Positiven Psychologie bislang wenig wahrgenommen werden. Auf diesem Weg werden dann auch existierende Forschungsstränge in der Gerontologie aufgenommen, die genau darauf abheben, wie ältere Menschen etwa mit altersabhängigen Verlusten umgehen, nach dem Berufsende freigewordene Zeitressourcen in neuer Weise nutzen oder sich für nachfolgende Generationen engagieren. Lassen Sie die Beschreibungen in der Tabelle einfach einmal auf sich wirken. Alles wird im weiteren Verlauf des Buches Stück für Stück nochmals aufgenommen.

Tabelle 2: Menschliche Stärken der zweiten Lebenshälfte im Überblick

Menschliche Stärke	**Zentrale Aspekte**	**Kurzbeschreibung**
Selbstregulation und Mäßigung	Lebensziele realistisch halten und stetig im Lebensverlauf anpassen	Ziele flexibel verändern, wo es notwendig erscheint. Die eigene Entwicklung nicht von extremen Handlungsabsichten leiten lassen.
	Sich vor Verlust und Stress schützen und psychische Ressourcen aufrechterhalten	Fähigkeiten, Handlungen, Gefühle und Gedanken so lenken, dass sie den jeweiligen Lebenserfordernissen möglichst gut entsprechen.
Humanität und Sorge für die Mitwelt	Beziehungen zu anderen Menschen hegen und pflegen	Für andere Menschen, für die, die nahe oder auch weiter um mich herum sind, lohnt es zu leben und sich für diese zu engagieren.
	Sich für die Mitwelt und den Erhalt der Schöpfung engagieren	Alles, was um mich herum ist, was für das Leben wichtig ist, erhält meine Anteilnahme und mein Engagement.
Lebenswissen und Lebensklugheit	Wissen, wie das Leben geht, einbringen	Lebenserfahrungen und Lebenswissen mit Offenheit und Bewusstheit für sich selbst und andere nutzbar machen.
	Kluges und umsichtiges Handeln einsetzen	Aus den eigenen Lebenserfahrungen Einsichten ableiten, die hohes Überzeugungspotenzial für viele besitzen.

Menschliche Stärke	Zentrale Aspekte	Kurzbeschreibung
Mut in herausfordernden Situationen	Widerstandsfähigkeit gegenüber den Widrigkeiten des Älterwerdens entwickeln	Sich in krisenhaften Situationen des späten Lebens nicht unterkriegen lassen und das Beste daraus machen.
	Unerwarteten Situationen mit Bedacht begegnen – Das Beispiel COVID-19	In unerwarteten Krisensituationen und Bedrohungslagen auf die eigene Lebenserfahrung bauen und diese aktiv einsetzen.
Gerechtigkeit, gutes Urteilen und Interessensausgleich	Gerechtigkeitsempfinden und wohlüberlegt ein Urteil anbieten	Ungerechtigkeit wahrnehmen, sich gegenüber anderen möglichst gerecht und ausgewogen verhalten und danach streben, ethisch-moralischen Standards zu genügen.
	Positivität, Nachgiebigkeit und Frieden anstreben	Das Gute und Positive suchen und erkennen – nachgeben und vergeben können.
Generativität und Transzendenz	Wissen und Erfahrung an Jüngere und die Nachwelt weitergeben: Generativität	Lebenserfahrungen und Lebenswissen in unterschiedlichsten Kontexten weitergeben, wo sinnvoll und gewünscht.
	Spiritualität, Distanz zu Materiellem und Dankbarkeit leben	Suche nach dem, was nach dem Leben kommen mag bzw. ein Denken, das über die reine Materialität bzw. Genuss- und Leistungsstreben hinausweist.

4.3 Voraussage: Stärken der zweiten Lebenshälfte sind im Daten-Check gut belegbar

Ausgehend von den oben vorgebrachten Argumenten und den in Tabelle 2 versammelten möglichen Stärken des Älterwerdens basiert der Rest dieses Buches auf der folgenden Voraussage: Stärken in der zweiten Lebenshälfte sind kein Wunschdenken, sondern sie lassen sich mit Studien der psychologischen Alternsforschung gut belegen. Mit anderen Worten: Sie sind, wie man in der psychologischen Alternsforschung sagt, empirisch belegbar – nicht endgültig (Was ist endgültig in der Wissenschaft?), aber doch mit robusten Daten. Man kann diese Voraussage auch ein wenig technischer formulieren: Bei aller Unterschiedlichkeit des Älterwerdens und der dahinter stehenden Persönlichkeiten und abgelaufenen Lebensgeschichten ist zu erwarten, dass viele der menschlichen Stärken sich gerade unter den Bedingungen der zweiten Lebenshälfte nicht nur gut halten, sondern sogar ansteigen können. Dies führt mich zu folgenden Hypothesen, also Voraussagen dahingehend, was wir empirisch sehen sollten – oder eben auch nicht empirisch beobachten können. Dann wären die Hypothesen nicht bestätigt – das Normalste in der Welt wissenschaftlichen Arbeitens.

- *H1 – Die „vorsichtige“ Hypothese: In zentralen menschlichen Stärken zeigt sich kein Alternsverlust, sondern Stabilität bis hinein in die zweite Lebenshälfte.*
  Angesichts der immer noch gängigen Defizitbeschreibungen des Älterwerdens wäre eine Bestätigung dieser Hypothese durchaus schon eine *gute* Botschaft.
- *H2 – Die „proaktive“ Hypothese: Zumindest in einigen menschlichen Stärken lässt sich nicht nur Stabilität, sondern sogar ein Anstieg in der zweiten Lebenshälfte beobachten.*
  Angesichts der gängigen Defizitbeschreibungen des Älterwerdens wäre eine Bestätigung dieser Hypothese eine *sehr gute* Botschaft: Altern ist keineswegs nur Verlust; neben Stabilität lässt sich auch Wachstum in menschlichen Stärken in der zweiten Lebenshälfte beobachten.
- *H3 – Die „euphorische“ Hypothese: In zentralen menschlichen Stärken lässt sich ganz überwiegend im Lebensverlauf ein ansteigender Trend hinein in die zweite Lebenshälfte beobachten.*
  Angesichts der gängigen Defizitbeschreibungen des Älterwerdens wäre eine Bestätigung dieser Hypothese eine *überaus gute* Botschaft. Sie würde allerdings bedeuten, dass Verluste mit dem Älterwerden stark zu relativieren wäre. Vielleicht zu viel des Guten?

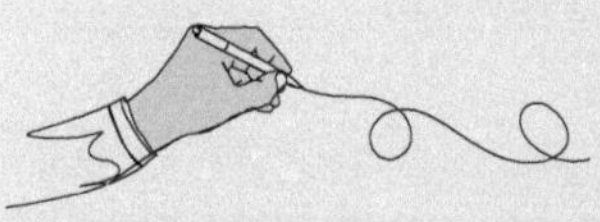

Kurz zusammengefasst: Die PAPs orientiert sich in ihrer Auswahl an menschlichen Stärken deutlich an der Positiven Psychologie insgesamt. Gemeint sind sehr allgemeine Konzepte wie z. B. Lebenswissen und Lebensklugheit und prägnante Indikatoren dieser allgemeinen Konzepte, im Falle von Lebenswissen und Lebenskunst z. B. die kluge Beratung von anderen oder der nachfolgenden Generation. Die Voraussage dieses Buches geht dahin, dass es bei solchen Stärken nicht nur Stabilität, sondern sogar eine Zunahme in die zweite Lebenshälfte hinein geben könnte.

5 Stärken der zweiten Lebenshälfte: Realitätscheck anhand vorliegender Daten

In diesem Kernteil des Buches geht es um „harte" empirische Befunde zu den oben eingeführten und näher beschriebenen sechs menschlichen Stärken im Lebensverlauf und Alter:

- Selbstregulation und Mäßigung
- Humanität und Sorge für die Mitwelt
- Lebenswissen und Lebensklugheit
- Mut in herausfordernden Situationen
- Gerechtigkeit, gutes Urteilen und Interessensausgleich
- Generativität und Transzendenz

Im Folgenden nutze ich die Metapher des *Forschungshauses*, um wichtige empirische Befunde der PAPs zu diesen menschlichen Stärken „mundgerecht" darzubieten. Denn zu meiner eigenen Überraschung ist „viel empirisches Holz" zu diesen Stärken zusammengekommen. Dann kann eine Transparenz schaffende Struktur wie ein Haus hilfreich sein, um den Überblick zu behalten. Forschungshäuser besitzen wie jedes Haus Stockwerke. Diese sind bereits in Tabelle 2 als Differenzierungen der menschlichen Stärken eingeführt worden. In den Forschungshäusern geht es nun noch einen Schritt weiter. Auf jedem Stockwerk finden sich, wie in jedem Haus, „Forschungszimmer". Die Forschungszimmer enthalten die konkreten Forschungsthemen, die auf jedem Stockwerk des Forschungshauses empirisch untersucht wurden.

Was dann folgt ist eine Beschreibung der verschiedenen Forschungszimmer samt den zugehörigen empirischen Untersuchungen, die jeweils als „Studien-Highlights" bezeichnet werden. Sie bilden die empirische Substanz, auf der ich meine Argumentation insgesamt aufbaue.

Am Ende jedes Forschungshauses und der Beschreibung seiner Zimmer finden Sie jeweils die wichtigsten Erkenntnisse zum Merken.

Sehr wichtig: Wie habe ich die Studien aus der oftmals durchaus vielfältigen und vielschichtigen Forschungslage der psychologischen Lebens- und Alternsforschung zu menschlichen Stärken ausgewählt? Hier sind meine Kriterien:

1 *Inhaltliche Richtung – Deskriptive Verläufe.* Es geht mir inhaltlich vor allem darum, wie sich in empirischen Befunden Verläufe von menschlichen Stärken entlang der Lebensspanne darstellen. Dies bedeutet, dass mein Interesse vor allem Studien gilt, die eine große Altersspanne von frühem bis spätem Leben einbezogen haben.

2 *Hohe Qualität der Studie.* Hier geht es mir um die überzeugende theoretische Anlage der Studie und eine sehr gute Methodik. Hohe Studienqualität steht und fällt nicht selten mit der Auswahl der Studienteilnehmer:innen und einer ausreichenden Stichprobengröße. Aus diesem Grunde finden Sie stets Angaben zur Stichprobengröße und zu dem in die Studie einbezogenen Altersbereich.

3 *Gute Aufnahme im Forschungsfeld.* Das erkennt man z. B. an sogenannten „high-impact" Zitationen, d. h. andere wichtige Arbeiten bzw. Autor:innen haben die betreffende Arbeit mehrfach zitiert. Das habe ich geprüft.

4 *Oldies but Goodies.* Auch bei etwas älteren Arbeiten, die ich zitiere, gilt, dass diese als wichtige und wegweisende Studien ihrer Zeit bis heute anerkannt sind. Nicht nur neueste Forschung ist gute Forschung – generell und für unsere Fragestellung!

So möchte ich Sie nun einladen, die folgende sechs Forschungshäuser (gemäß den sechs menschlichen Stärken), all ihre Stockwerke und Zimmer zu besuchen. Machen Sie es sich dort gemütlich. Gehen Sie durch die verschiedenen Stockwerke und Zimmer. Lassen Sie sich gerne auch etwas treiben. Vielleicht ist es gut, sich immer nur *ein* solches Forschungshaus vorzunehmen. Und die beschriebenen Befunde auf sich wirken zu lassen. Vielleicht auch mit Ihrem Leben, Ihrem Älterwerden abzugleichen. Gibt es Ähnlichkeiten? Ist es bei Ihnen ganz anders? Aus welchen Gründen eventuell? Schön wäre es, wenn Sie überall gewesen wären, bevor Sie das jeweilige Forschungshaus samt Stockwerken und Zimmer wieder verlassen.

Kurz zusammengefasst: Der Anspruch der PAPs ist ein streng empirischer. Und da kommt, wie man sehen wird, einiges an empirischer Substanz zusammen. Die Auswahl dieses Reigens an wissenschaftlichen Befunden zu menschlichen Stärken ist, so meine ich, gut begründet, aber, wie jede Forschung, immer auch kritikwürdig. Wir werden später selbstkritisch darauf zurückkommen.

5.1 Erste Stärke der zweiten Lebenshälfte: Selbstregulation und Mäßigung

Der Begriff der Mäßigung klingt altmodisch und hat als Begrifflichkeit sicherlich seine Grenzen. Es geht keinesfalls darum, ältere Menschen sollten sich bitte auf das Wesentliche beschränken, bescheiden und sparsam haushalten und Ressourcen welcher Art auch immer nicht über Gebühr beanspruchen. Sie sollten sich begnügen und den Jüngeren nicht ihre Entfaltungschancen nehmen. Das ist definitiv nicht das, was diese menschliche Stärke meint. Die in der amerikanischen Positiven Psychologie gebräuchliche Bezeichnung „Temperance“ (Seligman 2005) ist zutreffender, meint sie doch eher so etwas wie eine gewisse Kontrolle über die eigenen Handlungen, Gedanken und Gefühle zu haben, wichtige Ziele umsichtig zu verfolgen, Exzesse welche Art auch immer zu vermeiden, moderate und ausgewogene Ansprüche an das Leben zu stellen, sich selbst immer wieder zu begrenzen, um daraus neue Energie zu schöpfen. Die Devise „Weniger ist mehr“, die der Architekt Ludwig Mies van der Rohe gerne für seine Vorstellungen guten Bauens genutzt hat, trifft auch die Stärke der Mäßigung ganz gut.

Maßvolle Entwicklung braucht eine funktionierende Selbstregulationsfähigkeit. Das ist so grundlegend für dieses Buch, dass ich an dieser Stelle dazu weiter ausholen muss – in Bezug auf die Bedeutung von guter Selbstregulation für alle menschlichen Stärken.

Das Konzept der Selbstregulation hat in der Alternsforschung eine wechselhafte Geschichte erfahren. Im Unterschied zu traditionellen Sichtweisen des Älterwerdens, mit einer starken Betonung des „Erleidens“, des „Ertragens“ und als eine Art „Spielball“ von äußeren oder biologischen Kräften, argumentiert die Entwicklungs- und Lebensspannenpsychologie, dass Menschen auch in der zweiten Lebenshälfte bis zu einem gewissen, aber bedeutsamen Grad „Produzent:innen der eigenen Entwicklung“ bleiben (Lerner & Busch-Rossnagel 1981; Wahl 2017; 2023c). Das Zusammenwirken unterschiedlicher Kräfte im Entwicklungsgeschehen in der zweiten Lebenshälfte steht dabei vor einer Herausforderung, die in keiner früheren Lebensphase so deutlich wird: Der Erfahrung multipler Verluste und dem Bestreben danach, diese Verluste nicht so weit in das eigene Selbst eintreten zu lassen, dass Zufriedenheit und Sinnerleben dauerhaft leiden. Aber Selbstregulation in der zweiten Lebenshälfte geht sehr viel weiter und muss immer auch im Wechselspiel mit anderen Menschen, aber auch abhängig von Zufallsfaktoren gesehen werden. Ein paar Beispiele: Frau A. nimmt sich kurz nach der Verrentung vor, sich bei einer Tafel für bedürftigere Menschen als helfende Person anzubieten, stell sich vor, vereinbart in Abstimmung passende Arbeitszeiten – und es geht bereits zwei Wochen später los. Zwischendurch hat noch die Tochter angerufen und von diesem Plan abgeraten: „Mensch, Mama, genieß’ doch deine verbleibende Zeit. Gehe auf Reisen.“ Frau A. hat sich nochmals alles überlegt, aber dann doch mit dem neuen „Job“ angefangen. Viele würden sagen: Das war eine gut überlegte und an den eigenen Bedürfnissen orientierte Selbstregulation.

Da deutet sich schon an, dass unsere eigene Entwicklung immer auch viel mit der Entwicklung von anderen Menschen, mit deren Ansichten und Bedürfnissen, zu tun hat. Sie kann von diesen durchaus sehr gefördert, aber auch begrenzt werden. In der Lebenslaufforschung hat sich für diesen Sachverhalt der Begriff der „verbundenen Leben“ („Linked Lives“), also der immer auch miteinander verschränkten und sich gegenseitig beeinflussenden Leben und Lebenswege eingebürgert (Settersten 2003). Frau B. kommt nach der geriatrischen Rehabilitation nach Hause und will weiter trainieren, was sie gelernt hat. Sie fühlt sich nun aber, anders als im Geriatrischen Krankenhaus, unsicher und spricht mit ihrem Sohn darüber. Dieser rät ihr, auf keinen Fall alleine größere außerhäusliche Aktivitäten zu unternehmen: „Was ist, wenn du stürzt, Mama? Und niemand hilft dir.“ Das leuchtet Frau B. ein, und sie will auch nicht gegen den Rat des Sohnes handeln. Nach zwei Monaten hat sie manches wieder verlernt. Die Ängste, eventuell zu stürzen und ins Krankenhaus zu kommen, sind größer geworden.

Aber auch Zufallseinflüsse aller Art können unser Leben und Älterwerden in gewisser Weise regulieren. Man kann im Leben großes Glück ohne viel eigenes Zutun erfahren – oder aber ungewöhnlich viel Pech haben. Diese Entwicklungsdynamik wird auch als Aleatorik (alea = Würfel) bezeichnet, d. h. es sind Zufallseinflüsse mit ganz unterschiedlichen Ursachen, wie z. B. biologische Abbauvorgänge, ein Verkehrsunfall mit dem Fahrrad oder eine völlig unerwartet diagnostizierte schwere Krebserkrankung. Wenn es in den letzten Jahren einen besonders prominenten Zufallsfaktor mit Einfluss auf unsere Entwicklung und auch auf das Leben älterer Menschen gegeben hat, dann war es die COVID-19-Pandemie. Allerdings waren die Auswirkungen der Pandemie auf Ältere extrem verschieden. Vor allem in der ersten Phase der Pandemie ab etwa März 2020 kam es zu Lock-Downs in Einrichtungen der Langzeitpflege. Alte und oft sehr kranke Menschen starben ohne ihre Angehörigen in der Nähe zu wissen. Die soziale Isolation in diesen Einrichtungen hat viele dieser meist sehr alten Menschen psychisch sehr belastet. Viele der jüngeren Älteren in Privathaushalten konnten sich hingegen gut mit den Herausforderungen der Pandemie arrangieren; sie zeigten zumindest keine höheren Einsamkeitsanstiege im Vergleich zu Jüngeren in Folge der Pandemie (Simonson et al. 2023).

Insgesamt scheint sich in der zweiten Lebenshälfte die Umsetzung der menschlichen Stärke der Selbstregulation auf den ersten Blick zu verkomplizieren. Zum Beispiel könnte man argumentieren, dass bestimmte Kompetenzen wie geistige und motorische Leistungsfähigkeit die Voraussetzung dafür sind, dass wir unsere Selbstregulation aktiv und zielgesteuert gestalten können. Diese Ressourcen zeigen aber einen deutlichen Rückgang mit dem Älterwerden (Wahl 2017). Auch könnten solche Ressourcenverluste dazu führen, den unguten Einflüssen der „Linked Lives" zu widerstehen. Zum Beispiel könnte es sein, dass meine Mitwelt mich als alten Menschen unselbständiger sieht als ich wirklich bin, mich unterschätzt, mir nichts mehr zutraut, dass sie mir negative Altersstereotype im Brustton einer angeblichen Wahrheit über das Altern vermittelt („Mit 85 Jahren, liebe Frau Schmitt, kann man nicht mehr springen, wie ein junges Reh."). Ältere könnten angesichts gewisser Ressourcenverluste geschwächt derartigen Stereotypen entgegentreten, sie eventuell auch schneller übernehmen. Ältere könnten immer stärker einer Fremdkontrolle unterliegen.

So wird es Zeit für einen ersten forschungsgestützten Fakten-Check zur Stärke Selbstregulation und Mäßigung. In Forschungshaus 1 sind Konzepte zusammengestellt, die in der Lebenslauf- und Alternspsychologie als diesbezüglich besonders wichtig angesehen werden.[2]

2 Die in den Beschreibungen der Befunde aus einzelnen Forschungshäusern zitierte Spezialliteratur ist im Teil „Zitierte Quellen" am Ende des Buches gesondert als „Technische Spezialliteratur" aufgeführt. Das ist im engeren Sinn wissenschaftliche Literatur, die oft in englischer Sprache und nicht einfach zu lesen und zu verstehen ist. Manchmal finden sich allerdings im Netz auch Presseerklärungen und Ähnliches dazu, die dann durchaus gut verständlich sind.

Forschungshaus 1:
Selbstregulation und Mäßigung
Stockwerk 2:
Sich vor Verlust und Stress schützen und psychische Ressourcen aufrechterhalten
• Forschungszimmer 1: Hilfreiche Bewältigungsstrategien
• Forschungszimmer 2: Erleben von und Umgang mit Stress
• Forschungszimmer 3: Selbstakzeptanz, emotionale Stabilität und Achtsamkeit
• Forschungszimmer 4: Lebenszufriedenheit bewahren
Stockwerk 1:
Lebensziele realistisch halten und stetig im Lebensverlauf anpassen
• Forschungszimmer 1: Sich auf das Wesentliche konzentrieren (Selektivität)
• Forschungszimmer 2: Flexible Zielbescheidenheit und Zielanpassung in der zweiten Lebenshälfte
• Forschungszimmer 3: Zielgerichtete Zielveränderung im Laufe lebenslanger Entwicklung
• Forschungszimmer 4: Mit Zielanpassungen Verluste ausgleichen

Lebensziele realistisch halten und stetig im Lebensverlauf anpassen

Diese menschliche Stärke haben wir in Tabelle 2 wie folgt beschrieben:

> *Ziele flexibel verändern, wo es notwendig erscheint. Die eigene Entwicklung nicht von extremen Handlungsabsichten leiten lassen.*

Forschungszimmer 1: Sich auf das Wesentliche konzentrieren (Selektivität)

Selbstregulation wird in der psychologischen Alternsforschung häufig anhand des Konzepts der selektiven Optimierung mit Kompensation (sog. SOK-Modell) abgehandelt, das von den beiden Alternsforschern Paul B. und Margret M. Baltes bereits im Jahr 1990 in die internationale Forschung eingebracht wurde. Baltes und Baltes (1990; Schnellüberblick zum SOK-Model in deutscher Sprache in Wahl 2023c) beschreiben drei Prozesse, deren orchestrierte Verwendung einen optimalen Ressourceneinsatz und somit eine erfolgreiche Entwicklung über die Lebensspanne und auch im späten Leben begünstigt. *Selektion* meint die Konzentration auf zunehmend weniger Ziele, die auch bei eingetretenen Ressourcenverlusten gute Chancen haben, erfolgreich umgesetzt zu werden. Das ist keineswegs negativ zu sehen, sondern, wie Baltes und Baltes (1990) argumentieren, eine sehr hilfreiche Anpassungsstrategie. Ich möchte hier sinngemäß auch aus einem Aufsatz von Margret Baltes und Laura Carstensen (1996) zitieren: Gutes Altern heißt Ziele haben und diese verfolgen. Damit bleiben wir lebendig und agieren sinnhaft; wir wollen etwas für uns Bedeutsames erreichen. Fokussierung des weiterhin Möglichen ist aber unabdingbar, je älter wir werden. *Optimierung* meint die für die Aufrechterhaltung persönlich wichtiger Aktivitäten oder die für das Erreichen der selegierten Ziele notwendige Verbesserung von Ressourcen und Handlungsweisen. *Kompensation* schließlich zielt darauf ab, Entwicklungsverluste durch andere Wege, z. B. die Nutzung von Hilfsmitteln, auszugleichen.

Studien-Highlight 1: Im Leben auf das setzen, was möglich ist. Freund und Baltes (2002) haben in zwei unabhängigen Stichproben die Häufigkeit von SOK-Strategien in 399 Personen von 14 bis 89 Jahren untersucht. Zum einen zeigten die Strategien als Gesamt im mittleren Alter ihre höchste Ausprägung. Das macht Sinn, denn im mittleren Alter (etwa 40 bis 60 Jahre) hat man vieles aufgebaut und das Leben läuft gewissermaßen rund wir bei einem gut eingefahrenen Motor. Alle Ressourcen werden gut genutzt; sie sind auch in vielfältiger Weise vorhanden. Aber und für dieses Buch zentral: Selektionsstrategien im Sinne der Konzentration auf die persönlich wichtigsten Ziele waren in der zweiten Lebenshälfte am höchsten ausgeprägt. Wie beschrieben geht es hier um das Erreichen selbstgesetzter Ziele, das gerichtete Investment in Autonomieerhalt und Wohlbefinden. Man könnte auch sagen: Man wird in der zweiten Lebenshälfte bescheidener in seinen Zielen und Ansprüchen – und erntet damit weiterhin viel Entwicklungserfolg, vermeidet gleichzeitig Misserfolge. Das tut gut.

Forschungszimmer 2: Flexible Zielbescheidenheit und Zielanpassung in der zweiten Lebenshälfte

Wo würden wir wohl in unserer lebenslangen Entwicklung landen, wenn wir alle Lebensziele, die wir irgendwann einmal in unserem Kopf hatten, gleichzeitig weiterverfolgen würden. Wir wären wohl bald mit unseren vielen unerledigten oder nicht mehr erreichbaren Zielen überfordert. Spät im Leben ist unsere „Zielkompetenz" besonders gefordert: Für manches läuft uns die Zeit davon, anderes kriegen wir einfach nicht mehr so hin wie früher. Oder es geht gar nicht mehr. Man könnte auch sagen: Wir benötigen im Zuge des Älterwerdens eine „zielgerichtete Bescheidenheit" im Umgang mit unseren Lebenszielen.

Studien-Highlight 2: Flexibles Dranbleiben an Lebenszielen. Eine in der Alternsforschung viel zitierte Studie hierzu ist jene von Brandtstädter und Renner (1990). Die Autoren unterscheiden in ihrer Studie zwischen zwei Formen des Umgehens mit Lebenszielen. Einmal kann man Ziele aktiv verfolgen, in dem man alles dafür tut, sie zu erreichen. Man kann z. B. auf die Insel Mallorca umziehen, wenn man so lange wie möglich warmes Wetter und das Meer genießen möchte. Man spricht von hartnäckiger Zielverfolgung. Es kann aber auch sein, dass man so an der bisherigen Wohnung samt sozialem Umfeld hängt, dass man sich sagt: „So wichtig ist mir das warme Wetter auch nicht, dass ich dafür anderes aufgebe". Das wäre dann flexible Zielanpassung. Brandstädter und Renner haben erwartet, dass es hilfreich ist, später im Leben flexibel mit Zielen umzugehen, denn manches, was man im früheren Leben „locker" machen konnte wird jetzt schwieriger. Verändert man schwer oder gar nicht mehr erreichbare Ziele nicht, kann es gut sein, dass man sich überfordert, sich unnötige Misserfolge beschert. Wie Abbildung 1 zeigt, haben die Autoren dies in einer Stichprobe von 890 Personen im Alter von 34 bis 63 Jahre auch tatsächlich gefunden. Interessant ist auch, dass Frauen im mittleren Alter eine höhere flexible Zielanpassung zeigten als die Männer. Eine Erklärung dafür könnte in den Anforderungen liegen, die das Zusammenwirken von Familie und Beruf in dieser Lebensphase mit sich bringt und hier Frauen höhere Zielflexibilität einbringen als Männer. Auch wenn ferner der Verlauf von flexibler Zielanpassung bei den älteren Frauen zurückzugehen scheint, so bleiben sie doch immer noch sehr deutlich über dem Niveau der jüngeren Frauengruppen. Weitere Studien auch mit noch älteren Menschen haben übrigens gefunden, dass sich der Aufwärtstrend der flexiblen Zielanpassung im Mittel ins höhere Lebensalter weiter fortsetzt (Heckhausen, 1997). Und die Befunde sollten auch nicht dahingehend missverstanden werden, dass Ältere nicht mehr in der Lage wären, ihre Lebensziele stringent zu verfolgen. Solch „hartnäckige Zielverfolgung" bleibt vielmehr über die Erwachsenenlebensspanne hinweg relativ konstant (Heckhausen, 1997).

Abbildung 1: Flexible Zielanpassung zwischen 34 und 63 Jahren (modifiziert und deutsch beschriftet nach Brandstädter & Renner 1990, S. 63)

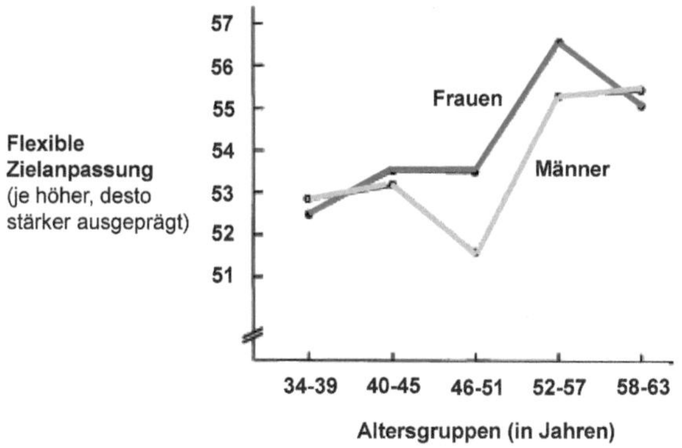

Forschungszimmer 3: Zielgerichtete Zielveränderung im Laufe lebenslanger Entwicklung

Ziele sind wichtig über den ganzen Lebenslauf hinweg. Sie treiben uns an, sorgen für die oft notwendige, langfristige Durchhaltemotivation, verleihen uns auch Sinnerleben. Dafür lohnt es sich, zu kämpfen, sich zu verausgaben, einen langen Atem zu erhalten, sich immer wieder anzufeuern, auch wenn es bisweilen schwerfällt. Doch es ist auch wichtig, ein Lebenslaufgefühl dafür zu entwickeln, wann wir einen höheren Gang einlegen und Gas geben müssen – und wann wir besser in den Leerlauf gehen, weil Ziele erreicht sind oder eben in der neuen Lebensphase so keinen Sinn mehr machen. Letztlich, so könnte man sagen, ist der Ablauf unseres Lebens nichts anderes als von dem einen Zielzustand in den nächsten zu wandern. Und uns bei dieser Wanderung gut und organisch mit uns selbst verbunden zu fühlen. Und natürlich auch mit den Normen unserer Gesellschaft, denn Ziele entstehen ja nicht im luftleeren Raum, sondern in unserer ständigen Wechselwirkung mit unserer Kultur, unseren Vorstellungen eines guten Lebens und gesellschaftlichen Erwartungen. Aus diesem „Ziel-Pool" entnehmen wir die zentralen Ziele unseres Lebens (z. B. Bildung, Elternschaft, Beruf), und wir legen in gewissem Sinn Ziele auch wieder zurück in den Ziel-Pool, wenn sie für unser Leben in welcher Form auch immer erledigt sind.

Studien-Highlight 3: Menschliche Entwicklung als gekonnte Zielveränderung. In einer Studie von Buchinger et al. (2022) wurden die Teilnehmer:innen an einer großen und repräsentativen Stichprobe nach ihren Lebenszielen befragt. Es handelte sich um weit über 50.000 Personen im Alter zwischen 18 und 84 Jahren, untersucht im Rahmen des sogenannten Sozio-Ökonomischen Panels (SOEP), einer der etablierten Studien zur Lebenssituation in Deutschland. Dabei ergab sich, dass Lebensziele über die Erwachsenenlebensspanne hinweg systematischen Veränderungen unterliegen. Das Streben nach Karriereerfolg und persönlicher Erfüllung, früh im Erwachsenenleben sehr wichtig, geht in der zweiten Lebenshälfte deutlich zurück. Macht doch Sinn. Die Bedeutung von sozial-politischem Engagement und für andere da zu sein nimmt hingegen in der zweiten Lebenshälfte zu. Sich etwas leisten zu können bleibt über alle Lebensphasen hinweg auf mittlerem Niveau relativ stabil. Also: Manche Ziele treten zurück, andere nach vorne, je nach den Erfordernissen der jeweiligen Lebensphase. Sich zu engagieren und für andere da zu sein bietet neue Sinnquellen in der zweiten Lebenshälfte, speziell in der nachberuflichen Phase. Man könnte auch sagen: In einer Gesellschaft des langen Lebens bietet das Ende der Berufstätigkeit neue Entwicklungsmöglichkeiten, kann neue Energien freisetzen. Nutzen wir es!

Forschungszimmer 4: Mit Zielanpassungen Verluste ausgleichen

Auf der einen Seite geht es bei der Selbstregulation der eigenen Entwicklung also darum, für uns wesentliche Lebensziele auch im späten Leben beizubehalten. Auf der anderen Seite sind wir permanent, je nachdem, wie sich unsere zweite Lebenshälfte entwickelt, aufgefordert, eventuell Lebensziele „fahren zu lassen". Flexibilität im Umgang mit Lebenszielen, also flexibel darin zu sein, nicht mehr gut umsetzbare Lebensziele zu verändern, eventuell sogar aufzugeben, ist durchaus eine menschliche Stärke. Ich sehe flexible Zielanpassung auch im Sinne der oben beschrieben Mäßigung (Temperance): Ich nehme mich und meine Ziele zurück, erkenne meine Grenzen. Und mache mir damit das Leben leichter und letztlich erfüllter. Wie bereits gesagt – Weniger ist häufig mehr – vor allem in der zweiten Lebenshälfte.

Studien-Highlight 4: Adieu – Loslassen ohne unterzugehen. In einer Studie mit 762 Studienteilnehmern im Alter von 58 bis 81 Jahren, die über 4 Jahre hinweg untersucht wurden, konnten Rothermund und Brandtstädter (2003) das Folgende feststellen: Mit zunehmendem Alter wurden Kontrollerwartungen zurückgenommen und eingetretene Verluste wurden häufiger wahrgenommen. Gleichzeitig nahm man aber auch die Erwartungen an die eigene Verhaltenskompetenz zurück („Kleinere Brötchen backen“). Im Zusammenspiel dieser Strategien blieb die subjektive Zufriedenheit mit der eigenen Kompetenz auch mit zunehmendem Älterwerden relativ stabil hoch.

Studien-Highlight 5: Kontrolle bewahren und gleichzeitig abgeben. Kontrolle über das eigene Leben zu haben, gehört zu den fundamentalen Bedürfnissen von Menschen. Es geht vor allem darum, durch Verhalten die eigenen Lebensumstände möglichst so zu beeinflussen, dass die Befriedigung eigener Bedürfnisse gut gelingen kann („internale“ Kontrolle). Immer wieder müssen wir aber auch bereit sein, Kontrolle abzugeben („externale“ Kontrolle). Das machen wir beispielsweise in der Arbeitswelt oder wenn wir krank werden. Auch wenn wir älter werden scheint es eine gute Idee zu sein, zunehmend Kontrolle abzugeben. Werden wir dadurch zum Spielball unserer Umwelt? Das wäre wohl kaum eine menschliche Stärke. Und wie sieht es im hohen Alter aus? Werden wir in dieser Lebensphase ausschließlich zu Getriebenen? Die Berliner Altersstudie war die erste Studie in Deutschland mit einer hohen Zahl auch an hochaltrigen Menschen (516 Personen zwischen 70 bis 103 Jahre). Smith und Baltes (1996/2010) haben dabei herausgefunden, dass das Erleben, von äußeren Kräften gesteuert zu werden, zwar mit dem Alter zunahm (Abbildung 2). Gleichzeitig blieb allerdings das Erleben, den Alltag selbst und eigenständig zu meistern, bis ins hohe Alter relativ stabil. Alte Menschen scheinen gut darin zu sein, Kontrolle dort abzugeben, wo Ressourcenverluste es erforderlich machen, aber sich gleichzeitig in den verbliebenen Kontrollbereichen als selbständig handelnde und ihr Leben meisternde Personen wahrzunehmen. Es mag paradox klingen, aber eine der Stärken der zweiten Lebenshälfte scheint darin zu bestehen, Lebenskontrolle zu bewahren, indem wir sie abgeben.

Abbildung 2: Internale und externale Kontrolle spät im Leben (modifiziert und vereinfacht nach Smith & Baltes 2010, S. 233)

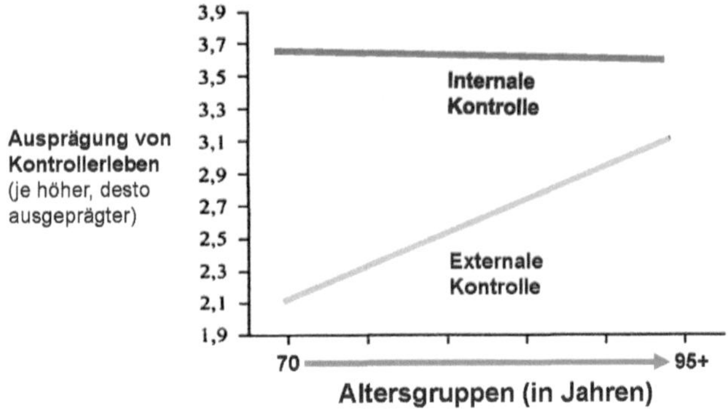

Studien-Highlight 6: Es geht auch anders als gewohnt. In unseren Studien zur psychosozialen Bewältigung von schweren Seheinschränkungen im höheren Lebensalter haben wir gefunden, dass gerade die Regulation von Kontrollerleben eine wichtige Strategie darstellt, um mit der Sehbehinderung im Alltag relativ gut zurechtzukommen. In einer unserer Studien zusammen mit amerikanischen Kolleg:innen konnten Schilling et al. (2016) an einer Stichprobe von 364 älteren Menschen mit Sehbeeinträchtigung (Durchschnittsalter: 83 Jahre) über zwei Jahre hinweg zeigen, dass die Betroffenen mit zunehmendem Verlust an Alltagskompetenz eher zu hilfreichen, kompensatorischen Kontrollstrategien wechselten. Das bedeutete, sie nutzten im Alltag andere Wege (z. B. sich Rezepte vorlesen lassen; zur Zeit unserer Studien mit Hilfe eines Kassettenrekorders, heute wäre es wohl Alexa beim Kochen) oder nahmen sich mehr Zeit für ihre Selbstpflege.

Studien-Highlight 7: Verdichtung der eigenen Lebenswelt als Hilfe. In einer Studie zum Wohnen im höheren Leben konnte Oswald (1996) anhand einer Stichprobe von 84 über 65-Jährigen zeigen, dass Ältere mit schweren Gehbeeinträchtigung in ihren Wohnungen bzw. Häusern oftmals so etwas wie „Kontrollverdichtungen" vornehmen. Sie konzentrierten z. B. Fotos ihrer Lieben, Medikamente, Strickzeug, das Telefon, eine Lupe etc. in einem bestimmten Bereich der Wohnung und verdichteten damit ihre Kontrolle in überschaubaren und gut handhabbaren Bereichen ihres Wohnalltags. Heute würden wohl auch digitale Hilfsmittel wie Handy, Tablet oder das Sprachassistenzsystem Alexa mit dazugehören.

Wichtigste Erkenntnisse: Das beharrliche Investment in eine kleinere Anzahl von Zielen im Alltag gehört zu den Stärken der zweiten Lebenshälfte. Auch gilt, dass wir umso flexibler im Umgang mit Lebenszielen werden, je älter wir werden. Dies ist ein sehr effektiver Mechanismus, um von den Widrigkeiten des späten Lebens nicht überrollt zu werden. Lebensziele werden generell im Laufe unserer lebenslangen Entwicklung bis ins hohe Alter immer wieder deutlich angepasst. Dabei gelingt es uns in der Regel in jeder Lebensstufe gut, Erwartungen der Gesellschaft, eigene Prioritäten und Ressourcen miteinander in Einklang zu bringen.

Sich vor Verlust und Stress schützen und psychische Ressourcen aufrechterhalten

Diese menschliche Stärke haben wir in Tabelle 2 wie folgt beschrieben:

Fähigkeiten, Handlungen, Gefühle und Gedanken so lenken, dass sie den jeweiligen Lebenserfordernissen möglichst gut entsprechen.

Forschungszimmer 1: Hilfreiche Bewältigungsstrategien

Eine bedeutsame Forschungstradition in der Lebenslauf- und Alternsforschung hat sich damit beschäftigt, ob, und wenn ja, wie sich Formen von Lebensbewältigung im Laufe des Lebens und des Älterwerdens verändern. Gemeint ist die ganze Spanne von in unterschiedlichen wissenschaftlichen Traditionen verankerten Konzepten wie z. B. die in der Psychoanalyse von Sigmund und Anna Freud begründeten Abwehrmechanismen (z. B. Verdrängung, Projektion). Andererseits hat sich hier auch die sogenannte Coping- und Bewältigungsforschung etabliert und zwischenzeitlich viele empirische Befunde vorgelegt. Beide Traditionen argumentieren, dass uns als Menschen ein bestimmtes Repertoire an psychologischen Strategien zur Verfügung steht, das uns, wie Hermann Hesse es in seinem bekannten Gedicht „Stufen" ausdrückt, „hilft zu leben". Im Unterschied zu seiner Sicht der zweiten Lebenshälfte war die psychologische Bewältigungsforschung lange vom Defizitbild des Alterns geprägt: Es wurde angenommen, dass wir im Zuge des Älterwerdens immer häufiger auf „primitive" und „regressive" Strategien zurückgreifen. Allerdings könnte es gemäß unseren Überlegungen zur Entfaltung von menschlichen Stärken in der zweiten Lebenshälfte auch sein, dass wir gerade in der „Krisensituation" des Älterwerdens mit all ihren Einschränkungen und Verlusterfahrungen unsere ganze Stärke mobilisieren. Und dagegen halten.

Studien-Highlight 8: Mit den Herausforderungen des Älterwerdens psychisch wachsen. Hier ist vor allem die Studie von Diehl et al. (2014) mit fast 400 Personen vom jungen bis ins höchste Erwachsenenalter (15 bis 88 Jahre) zu nennen. Gemessen wurden Bewältigungs- und Abwehrmechanismen und zwar zum ersten Mal 1992 und dann noch weitere drei Mal bis zum Jahr 2004, also über 12 Jahre hinweg. Manche mögen einwenden, dass eine Messung von solch komplexen Persönlichkeitsaspekten wie subtilen Formen der Lebensbewältigung und der „psychischen Abwehr" von bedrohlichen inneren Zuständen gar nicht möglich ist. Guter Punkt! Allerdings: Die Autoren nutzten ein durchaus etabliertes Verfahren in diesem Bereich („California Personality Inventory", CPI), das auf einer großen Zahl von Fragen aufbaut und eine festgelegte Auswertungsroutine für Nutzer:innen bereitstellt. Frühere Studien haben einige Unterstützung dafür gefunden, dass das CPI das misst, was es messen will, eben Abwehr- und Bewältigungsprozesse. Es ist, zumindest relativ zu anderen Verfahren, zur Messung derselben am besten. Das Ergebnis war vielschichtig. Auf der einen Seite nahmen hilfreiche und manchmal als „reif" bezeichnete Strategien wie Sublimierung (psychische Probleme in produktive Aktivitäten umformen) und Suppression (Unterdrückung von unangebrachtem Verhalten, wo es unpassend wäre) mit dem Älterwerden zu. Und Regression (sich klein machen; Verantwortung von sich schieben) zeigte eine lineare Abnahme. Andererseits zeigten Sublimierung und Suppression im *sehr hohen* Alter wieder leichte Abfälle. Sehr spät im Leben, jenseits von 85 Jahren, scheint es zunehmend schwieriger, solch „reife" Bewältigungsformen aufrechtzuerhalten. Die Gründe liegen wahrscheinlich in einem zunehmenden Ressourcenmehrfachverlust, der uns sehr spät im Leben gewissermaßen die psychische Kraft nimmt. Diehl et al. konnten auch einige markante Geschlechterdifferenzen beobachten, die allerdings nicht erst spät im Leben auftraten, sondern im Grunde entlang des gesamten Erwachsenenlebens: Frauen zeigten eher ein Bewältigungsverhalten dahingehend, Belastungen etwas Positives abzugewinnen bzw. diese zu unterdrücken, während Männer eher zur *Intellektualisierung* neigten, also dazu, sich Belastungen rational und ohne viel Emotionalität entgegenzustellen.

Forschungszimmer 2: Erleben von und Umgang mit Stress

In der psychologischen Stressforschung hat man bisweilen die Phase des Älterwerdens und Alt-Seins als eine besonders stressbesetzte Phase beschrieben. Oft, so wurde argumentiert, kommen mehrere schwere Verluste zusammen – eine schwere Erkrankung z. B. und der Tod eines nahen Familienangehörigen. Wenn *das* nicht mit Stress einhergeht! Andererseits kann man auch argumentieren, dass Ältere ihr Leben lang gelernt haben, mit belastenden Ereignissen im Alltag umzugehen, auf frühere Erfahrungen hilfreich zurückzugreifen, und es deshalb spät im Leben besser gelingt, stresshafte Ereignisse und Situationen zu bewältigen.

Studien-Highlight 9: Stress, lass' nach, wenn ich älter werde. Genau dies ist in der Studie von Hay und Diehl (2011) auch tatsächlich gefunden worden. Einbezogen wurden 239 Personen im Alter vom 18 bis 89 Jahren, die in einem sehr alltagsnahen Untersuchungsformat u. a. nach ihrem Umgang mit negativen Affektzuständen gefragt wurden. Sie berichteten mehrere Tage hintereinander intensiv über ihre Stresserfahrungen. Dabei zeigte sich allerdings erstaunlicher Weise, dass sich die Älteren in alltäglichen Situationen schneller als Jüngere von erfahrenen negativen Ereignissen wieder freimachen konnten. Stress prallte eher an ihnen ab, während die Jüngeren diesen gewissermaßen einzusaugen schienen. Noch tiefschürfender vorgegangen ist eine vor kurzem erschienene Studie des amerikanischen Alterns- und Stressforschers David Almeida und seinem Team (Almeida et al. 2023). Die Studie erhob das alltägliche Erleben von Stress über einen Zeitraum von 20 Jahren hinweg bei Personen, die zu Beginn der Datensammlung zwischen 22 und 77 Jahren alt waren. In diese Studie gingen die Ergebnisse von drei alltagsnahen Erhebungen von je 8 hintereinander folgenden Tagen an fast 3000 Personen über den Beobachtungszeitraum von 20 Jahren ein. Jüngere unter 30 Jahren zeigten insgesamt ein deutliches höheres Stress-Level als Ältere. Allerdings ging das Stresslevel der zu Beginn jüngeren Teilnehmer:innen im Laufe der Beobachtung (also des Älterwerdens) zurück; jedoch zeigten auch die ohnehin besser dastehenden Älteren eine weitere Reduktion ihrer Stressbelastung. Man könnte auch sagen: In der ersten Lebenshälfte sind wir gestresster als in der zweiten.

Forschungszimmer 3: Selbstakzeptanz, emotionale Stabilität und Achtsamkeit

In diesem Forschungszimmer sollen zwei zentrale Merkmale aus der Persönlichkeitsforschung zusammengeführt und betrachtet werden. Selbstakzeptanz, also uns so anzunehmen, wie wir (geworden) sind, ist in jedem Lebensalter wichtig. Spät im Leben gewinnt allerdings Selbstakzeptanz besondere Bedeutung, weil eben ein größerer Teil des Lebens bereits gelebt worden ist. In der zweiten Lebenshälfte kann nicht einfach noch einmal umgesteuert werden. Es ist also sehr bedeutsam, ob dieses bereits lange Zeit gelebte Leben akzeptiert werden kann, oder ob es in Frage gestellt wird – und man vieles lieber anders gemacht hätte. Emotionale Stabilität wird in der Persönlichkeitsforschung auch häufig, gewissermaßen umgepolt, über die Kategorie des Neurotizismus gefasst. Neurotizismus meint die Anfälligkeit für Stress und Belastungen der unterschiedlichsten Art. Menschen mit hohen Werten in Neurotizismus sind nicht nur stressanfälliger, sondern auch kränker, sie geben schneller Ziele auf, sie sehen sich als Personen negativer, sie lassen sich schneller verunsichern, und sie sterben sogar früher als jene mit niedrigen Werten in Neurotizismus. So würde es sicherlich einem guten Leben helfen, wenn wir möglichst bis ins Alter hinein Selbstakzeptanz und emotionale Stabilität bewahren könnten.

Studien-Highlight 10: Ich nehme mich so wie ich bin. In einer eigenen Studie von N = 423 Personen im Alter zwischen 50 und 98 Jahren, die wir eigens für dieses Buch neu ausgewertet haben, fanden wir eine *positive* Korrelation zwischen Alter und Selbstakzeptanz von .13[3] (Wahl & Diehl 2023, unveröffentlichte Auswertung; siehe auch Ryff et al. 2004). Selbstakzeptanz steigt also eher mit dem Alter an, wenn auch sehr moderat. Das ist wichtig, denn viele von uns kämpfen schon seit der Jugendzeit oder gar noch früher damit, sich selbst, ihr Aussehen, ihre Körperlichkeit, ihre Person, vorbehaltlos zu akzeptieren. Selbstakzeptanz ist eine wichtige Kraftquelle im Umgang mit Herausforderungen, auch für den Aufbau und die Stabilität enger sozialer Beziehungen und letztlich auch für unsere Vorbereitung auf das Abschiednehmen und Sterben.

Studien-Highlight 11: Kein Fähnchen im Wind in emotionalen Lebensstürmen. Manchmal wird ja behauptet, Ältere seien wie ein Fähnchen im Wind; durch den geringsten Windstoß schon in eine andere Richtung wehend. Die verfügbaren Daten der psychologischen Alternsforschung zeigen das glatte Gegenteil. So fanden Roberts und Mrozcek (2008) in einer Zusammenstellung der zum damaligen Zeitpunkt verfügbaren Evidenz, dass in Bezug auf Persönlichkeitsentwicklung entlang des Erwachsenenlebens Zuwächse in Selbstvertrauen, Selbstkontrolle und emotionaler Stabilität (dazu Abbildung 3) zu beobachten sind. Diese Befunde gelten auch nach zwischenzeitlich vorliegenden neueren Befunden uneingeschränkt weiter (Diehl & Wahl 2020). Also: Die zweite Lebenshälfte macht uns im Mittel gesehen emotional stärker. Gegenteilige Entwicklungen treten natürlich auch auf, aber sie sind eher die Ausnahme. Sicherlich nehmen auch Menschen, die bereits in der ersten Lebenshälfte große psychische Probleme hatten, diese

3 Korrelation bedeutet einen Zusammenhang zwischen zwei Variablen. Der Wert kann zwischen 0,0 und 1,0 bzw. -1,0 variieren, d.h. die Spanne geht von keinem Zusammenhang bei 0,0 bis zu einem perfekten Zusammenhang. Eine positive Korrelation bedeutet: Je älter, desto höher die Selbstakzeptanz; eine negative Korrelation würde bedeuten: Je älter, desto niedriger die Selbstakzeptanz.

mit in die zweite Lebenshälfte. Dies aber führt nicht dazu, dass sich in der zweiten Lebenshälfte psychische Störungen häufen. Sie sind hier etwa so häufig wie in früheren Lebensabschnitten.

Abbildung 3: Die Persönlichkeitseigenschaft emotionale Stabilität im Lebensverlauf (modifiziert und deutsch beschriftet nach Roberts & Mrozcek 2008, S. 32; siehe auch Diehl und Wahl 2020, S. 74)

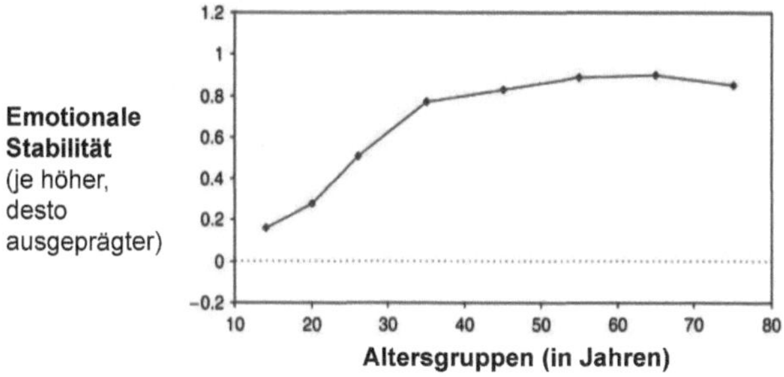

Dazu passt im Übrigen auch ein u. a. in einem schon etwa 20 Jahre alten Übersichtsartikel von Blazer (2003) berichteter Befund, dass nämlich depressive Erkrankungen im höheren Alter nicht häufiger auftreten als in früheren Lebensabschnitten. Daran hat sich auch nach neueren Studien selbst mit sehr alten Menschen nichts geändert (Helmchen et al. 2010). Manche Studien haben gar einen Rückgang beobachtet. Die zweite Lebenshälfte scheint uns eher widerstandsfähiger gegenüber belastenden Erfahrungen zu machen. Dazu passen weitere Befunde, die nun folgen.

Forschungszimmer 4: Lebenszufriedenheit bewahren

Von hoher Lebenszufriedenheit wird dann gesprochen, wenn eine Person ihr Leben – Vergangenheit, Gegenwart, Zukunft – positiv bewertet. Erfahrungen, Vorkommnisse und Widrigkeiten in der Vergangenheit werden als gut oder gut überstanden bewertet, die Gegenwart stimmt zu einem großen Teil damit überein, wie man gerne leben möchte, und die Zukunft wird als vielversprechend und keinesfalls als negativ oder bedrohlich angesehen. Schnell ist zu erkennen, dass es sich hier um die Einschätzung einer ziemlich komplexen Konstellation von Faktoren handelt. Dennoch erscheint das empirische Vorgehen zur Erfassung von Lebenszufriedenheit häufig auf den ersten Blick etwas einfach gestrickt. Die wohl am häufigsten dazu gestellte Frage lautet: „Wie zufrieden sind sie gegenwärtig, alles in allem, mit ihrem Leben?" Die Antwort kann auf einer Skala von „0" bis „10" gegeben werden. Der Wert „0" bedeutet, dass die befragte Person gegenwärtig ganz und gar unzufrieden mit ihrem Leben ist. Der Wert „10" würde eine vollkommene Zufriedenheit bedeuten. Hier geht es also zum Ersten nur um das gegenwärtige Leben, also zumindest eine gewisse Komplexitätsreduktion. Zum Zweiten ist die Frage mit dieser Antwortskala zwischenzeitlich in Deutschland und international in wohl dutzenden von Studien immer wieder eingesetzt und ausgewertet worden. Technisch gesehen bedeutet dies: Wir wissen sehr gut, wie sie in unterschiedlichen „Datenräumen" und über unterschiedliche Altersgruppen hinweg funktioniert. Wir können also schon Vertrauen haben, dass wir mit diesem Vorgehen zumindest eine hohe Überlappung mit dem vielschichtigen Konzept der Lebenszufriedenheit besitzen und die Bedeutung von Punktunterschieden gut bewerten können. Was also passiert, wenn wir eine solche Frage 17-Jährigen, aber auch über 80-Jährigen vorlegen? Dazu das nächste Forschungs-Highlight.

Studien-Highlight 12: Alles gut – (fast) egal was kommt. Baird et al. (2010) haben in zwei sehr großen und repräsentativen Stichproben den Verlauf der Lebenszufriedenheit bei Personen zwischen 16 und weit jenseits von 80 Jahren anhand verschiedener statistischer Modellierungen untersucht. Einbezogen wurden erneut das für die deutsche Gesamtbevölkerung ab 17 Jahren repräsentative *Sozio-Ökonomische Panel* (SOEP) mit einer analytischen Stichprobe von 20.696 Personen und das sogenannte *British Household Panel*, das für die britische Bevölkerung ab 16 Jahren repräsentativ ist, mit einer analytischen Stichprobe von 21.448 Personen. In einer Auswertung der deutschen Daten blieb die Zufriedenheit mit dem eigenen Leben bis weit ins Alter von über 70 Jahren hinein stabil; es konnte sogar ein leichter Anstieg von der ersten in die zweite Lebenshälfte beobachtet werden. Ein solcher Anstieg trat im englischen Panel noch deutlicher zutage. In beiden Studien war es allerdings so, dass im sehr hohen Alter die Stichprobe sehr „dünn" wurde und damit auch die Befundlage unsicherer. Aber mindestens von einer weitgehenden Stabilität der Lebenszufriedenheit bis weit in die zweite Lebenshälfte hinein dürfen wir nach diesen und vielen anderen Studien getrost ausgehen. Sie alle unterstützen die Aussage: Wir sind in der zweiten Lebenshälfte zufriedener als in der ersten.

Studien-Highlight 13: Carpe diem – Genieße den Tag. Carpe diem und Sorgsamkeit im Umgang mit der eigenen Lebenszeit – das möchten wir doch eigentlich alle. Vieles spricht dafür, dass ältere Menschen ihr Leben besonders stark an diesem Motto ausrichten, denn bei gefühlt kürzerer Lebensdauer im Vergleich zu den Jüngeren sollte das Hier und Jetzt an Bedeutung gewinnen: Forschungsarbeiten zu Achtsamkeit gehen genau in diese Richtung. Es geht um die Aufmerksamkeit für den Augenblick, die Offenheit für das Gegenwärtige, das Gewahr-Werden der eigenen Befindlichkeit. In einer Studie von Mahlo und Windsor (2021) wurde bei 623 Personen im Alter zwischen 18 und 86 Jahren die Rolle von Gegenwartsorientierung (Present Moment Attention), einem wichtigen Aspekt von Achtsamkeit, untersucht. Die Autoren fanden, dass die Gegenwartsorientierung nicht nur mit dem Alter anstieg, sondern überhaupt erst ab etwa 40 Jahren eine Rolle spielte und das Wohlbefinden beeinflusste. Dazu passt auch, dass die Tendenz zur *Prokrastination* – gemeint ist mit diesem Wortungetüm das ständige Aufschieben von eigentlich wichtigen und notwendigen Handlungen – in der zweiten Lebenshälfte deutlich abnimmt (Beutel et al. 2016). Der gerade verflossene Tag zählt und der darauf folgende; nicht die zurückliegenden zwei oder die folgenden zwei Jahre. Am Ende des Tages will man die wichtigsten Dinge unter Dach und Fach haben. In gewisser Weise schließen wir in der zweiten Lebenshälfte zunehmend jeden Abend unser Leben zumindest ein wenig ab. Wenn es morgen nicht weitergehen sollte, war es gut so.

Wichtigste Erkenntnisse: Es sieht nicht so aus, dass wir, je älter wir werden, immer häufiger einfach alles laufen lassen, uns vor dem Leben wegducken. Zutreffend ist vielmehr, dass reifes und verantwortungsvolles Umgehen mit Aufgaben des Lebens bis weit in die zweite Lebenshälfte hinein die Regel bleibt. Die Stressabwehr funktioniert gut bis besser im späten Leben und zentrale psychische Ressourcen bleiben erhalten bzw. verbessern sich sogar noch. Lebenszufriedenheit bleibt stabil und Achtsamkeit steigt an.

5.2 Zweite Stärke der zweiten Lebenshälfte: Humanität und Sorge für die Mitwelt

Was wären wir als Menschen ohne soziale Beziehungen, ohne Verankerung in anderen Menschen, auch in dem, was materiell um uns herum ist, uns im wörtlichen Sinne trägt, unsere „Heimat“ ist? Es wäre ein armes Leben. Glaubt man den frühen Studien des 1974 verstorbenen Entwicklungspsychologen René Spitz zum sogenannten Hospitalismus (und man sollte es tun) in Waisenhäusern in unterschiedlichen Ländern, dann würden wir wohl gar nicht erst alt werden ohne enge Beziehungen zu unserer sozialen Umwelt. Wenden wir es positiv: Soziale Beziehungen sind gewissermaßen ein „Multi-Tool“ guten Alterns, denn sie machen Freude, stärken soziale Anerkennung, verhindern Einsamkeit, bringen einen nach draußen und halten fit (z. B. Besuch der Freundin in der Nachbargemeinde), sind geistig anregend, leisten einen wichtigen Beitrag zur Herstellung bzw. Erhaltung von subjektivem Wohlbefinden, dienen als Puffer gegen kritische Lebensereignisse und die Entstehung psychischer Störungen – und wohl noch viel mehr. Allerdings: Soziale Beziehungen benötigen auch einen raumbezogenen Rahmen: Wir fühlen uns gemeinsam „zu Hause“, wir sind vielleicht gebunden an die „Liebe zum Vaterland“ oder die geliebte Berglandschaft im Engadin usw. usw. Ein riesiges Feld – Schauen wir es unter dem Blickwinkel menschlicher Stärken nun genauer anhand von empirischen Studien an.

Beziehungen zu anderen Menschen hegen und pflegen

Diese menschliche Stärke haben wir in Tabelle 2 wie folgt beschrieben:

Für andere Menschen, für die, die nahe oder auch weiter um mich herum sind, lohnt es zu leben und sich für diese zu engagieren.

Forschungszimmer 1: In wichtige soziale Beziehungen investieren

Wer sind eigentlich die Mitglieder der sozialen Netzwerke älterer Menschen? Generell kann man sagen, dass die sozialen Netzwerke Älterer vornehmlich, aber nicht ausschließlich, aus nahen Familienmitgliedern und engen Freunden bestehen (Tesch-Römer 2010). Die meisten älteren Menschen nennen Personen aus der engsten Familie (Eltern, Partner, Kinder, Geschwister) als ihre wichtigsten Bezugspersonen. Enge Beziehungen spät im Leben sind in der Regel auch lange Beziehungen, eine Art langandauernder „Begleitschutz" im Verlauf des eigenen Lebens. Dieser Begleitschutz trägt zum psychischen und physischen Wohlbefinden bei, indem er uns dabei hilft, uns optimal zu entwickeln und den Herausforderungen des Lebens adäquat zu begegnen. Weitere Befunde weisen auch auf eine enge Verschränkung zwischen sozialen und biologischen Mechanismen hin: So scheint das Bestehen einer emotional tiefen und verlässlichen Beziehung mit einer Stärkung des Immunsystems bzw. mit besserer Gesundheit einherzugehen (sog. „social flourishing"; Ryff & Singer 2009). Die Erforschung sozialer Beziehungen älterer Menschen weist demnach eindeutig auf die Notwendigkeit einer bio-psycho-sozialen Sichtweise der zweiten Lebenshälfte bzw. des Älterwerdens hin.

Studien-Highlight 14: Emotionale Intensität versus Information und Wissen. In einer Studie haben Lang und Carstensen (2002) 480 Personen im Alter zwischen 20 und 90 Jahren hinsichtlich ihrer sozialen Präferenzen untersucht. Eingesetzt wurden Fragebögen und eine aufwändige Kartensortiertechnik, in der Prioritäten hinsichtlich der eigenen sozialen Bedürfnisse zum Ausdruck gebracht werden konnten. Ein zweifaches Ergebnis ist für dieses Buch wichtig: Zum einen war späteres Lebensalter zunehmend mit einer immer kürzeren Zukunftsperspektive verbunden. Das aber muss nichts Schlechtes sein. Zum anderen nämlich ergab sich, dass mit einer Verkürzung der Zukunftsperspektive sozial-emotionale Motive immer mehr an Bedeutung gewannen. Sozial-emotionale Motive waren dabei z. B. das Bedürfnis, den Kontakt mit anderen Familienmitgliedern möglichst intensiv zu gestalten und die enge Beziehung mit einem Freund/einer

Freundin aktiv zu hegen und zu pflegen. Wenig emotionsbesetzte Ziele wie das Bedürfnis nach Wissenserwerb und nach neuen Informationen verschwanden damit nicht, traten aber in ihrer Wichtigkeit zurück.

Studien-Highlight 15: Soziales Miteinander zählt. Auch im Modell zu psychologischem Wohlbefinden der sehr anerkannten amerikanischen Entwicklungspsychologin Carol Ryff spielen soziale Beziehungen eine wichtige Rolle. In einem von ihr entwickelten Erhebungsinstrument sind Menschen mit hohen Werten im Bereich „Positive Beziehungen mit anderen" gekennzeichnet durch menschliche Wärme, Vertrauen in andere, die Sorge um das Wohlergehen von anderen. In der Studie von Ryff und Keyes (1995) wurde 133 jüngere Menschen (25 bis 29 Jahre), 805 mittelalte Menschen (30 bis 64 Jahre) und 160 Menschen über 65 Jahre mit dieser Skala untersucht. Es zeigt sich im sozialen Wohlbefinden ein deutlicher und linearer Anstieg von der ersten in die zweite Lebenshälfte hinein. In der Tat hatte diese Dimension bei den jungen Menschen den niedrigsten Wert, bei den Älteren den höchsten Wert. Je älter wir werden, desto mehr ziehen wir unsere Zufriedenheit und unsere guten Gefühle aus unserer sozialen Umwelt. Gleichzeitig sind Ältere sehr erfolgreich darin, ihre Beziehung zu wichtigen und emotional besonders bedeutsamen Menschen in ihrem Umfeld aufrechtzuerhalten und sogar noch auszubauen. Wenn das keine menschliche Stärke ist!

Studien-Highlight 16: Wir kriegen's gemeinsam hin. In einer aufwändigen Zusammenschau der existierenden Literatur haben Bühler et al. (2021) insgesamt 165 Studien zur Partnerzufriedenheit in unterschiedlichen Altersgruppen ausgewertet. So kam über die Studien hinweg eine Stichprobe von über 165.000 Studienteilnehmern im Alter von 20 bis 76 Jahren zusammen. Es zeigte sich vor allem im frühen Erwachsenenleben ein deutlicher Rückgang der Partnerzufriedenheit. Danach aber fand sich ein deutlicher Anstieg in die zweite Lebenshälfte hinein – mit einem Plateau spät im Leben. Ja, vielleicht sind romantische Beziehungen mit ihren Höhen und Tiefen in der zweiten Lebenshälfte nicht mehr ganz so aufregend wie in der ersten. Eine stabile und recht hohe Partnerzufriedenheit kriegen wir allerdings in der zweiten Lebenshälfte besser hin.

Studien-Highlight 17: Verträglich und sorgsam sein. Die bereits weiter oben zitierte Zusammenschau von Roberts und Mrozcek (2008) der zum damaligen Zeitpunkt verfügbaren Evidenz in Bezug auf Persönlichkeitsentwicklung entlang des Erwachsenenlebens zeigt auch einen Altersanstieg in den Persönlichkeitsmerkmalen Verträglichkeit und Gewissenhaftigkeit (Abbildung 4). Spät im Leben bleiben diese Persönlichkeitsmerkmale dann zumindest relativ stabil. Personen, die eine höhere Ausprägung in Verträglichkeit zeigen, neigen in sozialen Beziehungen zum Ausgleich und zur Vermeidung von Konflikten. Gewissenhaftigkeit ist in ganz unterschiedlichen Bereichen unseres Lebens von großer Bedeutung, etwa im Job, in Bezug auf unsere Gesundheit, aber natürlich auch in Bezug auf den Umgang mit anderen Menschen.

Abbildung 4: Die Persönlichkeitseigenschaften Verträglichkeit und Gewissenhaftigkeit im Lebensverlauf (modifiziert und deutsch beschriftet nach Roberts & Mrozcek 2008, S. 32; siehe auch Diehl und Wahl 2020, S. 74)

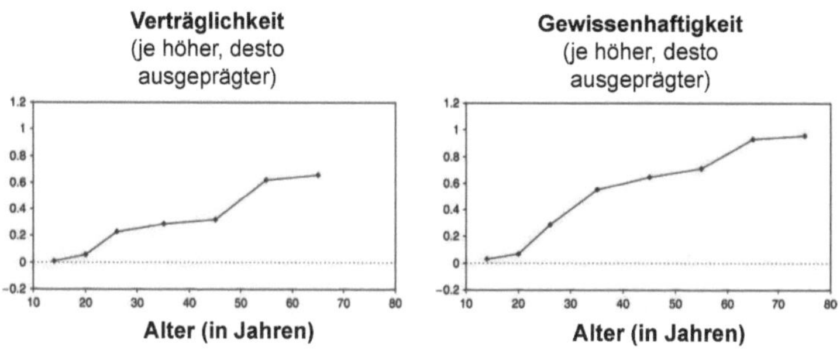

Forschungszimmer 2: Altruismus und prosoziales Verhalten

Empathie ist zu einem bedeutsamen Forschungsbereich der Lebensspannen- und Alternspsychologie geworden. Empathie meint das Sich-Einfühlen in die Lebenssituation und das Empfinden von anderen Menschen. Empathie bedeutet, mein Gegenüber in ihren/seinen Besonderheiten ernst nehmen und ihr/ihm nicht einfach einen ersten Eindruck oder ein Stereotyp überzustülpen. Empathie geht nicht immer, aber häufig einher mit dem Bedürfnis, anderen Menschen in den unterschiedlichsten Lebens- und Notlagen helfen zu wollen. Das kann sich im familiären Bereich z. B. in Gestalt von Solidarität und Unterstützung zwischen den Generationen zeigen oder im außerfamiliären Bereich durch Hilfsangebote an Menschen auf der Flucht.

Studien-Highlight 18: Ich spüre, was in dir vor sich geht. Richter und Kunzmann (2011) untersuchten auf Empathie bezogene Reaktionen von 80 jüngeren Menschen (Mittleres Alter: 32 Jahre) und 73 älteren Menschen (im Mittel 59 Jahre alt) mit Hilfe von Filmsequenzen, die experimentell vorgegeben wurden, und die zu empathischem Verhalten anregen konnten – oder auch nicht. Dabei ging es etwa darum, ob man die im Film gezeigten Emotionen erkennen, sie miterleben bzw. daran Anteil nehmen konnte. Die Älteren zeigten in all solchen Reaktionen höhere Werte, am stärksten allerdings, wenn sie die gezeigten Filmsequenzen als relevant für ihr eigenes Leben betrachteten. Das ist übrigens ein immer wieder auftretender Befund: In Bereichen bzw. Leistungen, die Ältere eher als nicht für ihr eigenes Leben von Bedeutung bewerten, zeigen sie ungünstigere Werte bzw. sie lassen sich nur ungern überhaupt darauf ein. Das ist bei Jüngeren anders. Hier scheint es eher darum zu gehen, nichts zu verpassen und sich auch mal mit Dingen auseinanderzusetzen, die weit weg vom eigenen Leben sind. Summa summarum: In der zweiten Lebenshälfte werden wir mitfühlender und nehmen mehr Anteil an den uns umgebenden Menschen.

Studien-Highlight 19: Es ist erfüllend, anderen zu helfen. Altruismus meint so etwas wie Selbstlosigkeit und den unbedingten Einsatz für andere ohne die Erwartung, dafür irgendeine Belohnung zu erhalten. Sparrow et al. (2021) haben 16 Studien ausgewertet, die zum damaligen Zeitraum zu Altersunterschieden im Altruismus vorlagen. Das ergab insgesamt eine Stichprobe von über 1500 Studienteilnehmer:innen. Die Studien mussten Daten mit Jüngeren (18 bis 35 Jahre) und Älteren (über 60 Jahre) erhoben haben, denn nur dann ließ sich etwas zur lebenslangen Entwicklung von Altruismus sagen. Gefunden wurde, dass Altruismus ganz überwiegend in der zweiten Lebenshälfte eine höhere Ausprägung zeigte. In der zweiten Lebenshälfte werden wir nicht nur „durchlässiger“ für die Bedürfnisse von anderen (siehe oben), sondern wir sind auch eher bereit, dies in konkretes Tun umzusetzen.

Studien-Highlight 20: Helfen und Biologie – der Fall Oxytocin. Oxytocin ist ein mittlerweile sehr gut untersuchtes Neuropeptid, das vor allem in der Gehirnregion des sogenannten Nucleus paraventricularis gebildet wird und von hier aus in andere Hirnareale ausgeschüttet wird. Spannend an Oxytocin ist die Bandbreite seiner Wirkungen: Vertrauen, Aggressionshemmung gegenüber anderen, Beruhigung,

Deeskalation und Luststeigerung. Zak et al. (2022) untersuchten Zusammenhänge zwischen der Ausschüttung von Oxytocin und prosozialem Verhalten bei 103 Personen im Alter zwischen 18 und 99 Jahren. So etwas kann man natürlich nicht mit Fragebögen erforschen, sondern nur anhand von Blutproben, die vor und nach einer experimentellen Manipulation entnommen und dann analysiert wurden. Die experimentelle Manipulation bestand darin, dass ein Video gezeigt wurde, in dem ein Vater mit seinem an Krebs erkrankten 2-jährigen Kind in einer Krankenhausumwelt interagierte. Zusätzlich wurden die Studienteilnehmer:innen hinsichtlich ihrer Bereitschaft zu einer Spende an eine Wohltätigkeitsorganisation befragt. Gefunden wurde, dass die Stärke der Oxytocin-Ausschüttung nach der experimentellen Setzung zunahm, je älter die Studienteilnehmer:innen waren. Es scheint so zu sein, dass die höhere Freisetzung von Oxytocin bei älteren Menschen deren prosoziales Verhalten unterstützt und fördert, auch wenn die Kausalkette dabei noch nicht vollständig verstanden ist. Man könnte allgemein sagen, wir werden in der zweiten Hälfte nicht einfach durchlässiger und engagierter in Bezug auf wahrgenommene Bedürfnisse in unserer sozialen Umwelt – körpereigene Prozesse, die heute messbar sind, unterstützen uns dabei. Ein Dankeschön an die Biologie.

Forschungszimmer 3: Pflege anderer Menschen

Das Pflegesystem in Deutschland funktioniert nur deshalb relativ gut, weil die sogenannte informelle Pflege nach wie vor so gut funktioniert. Gemeint sind Familienangehörige, welche häufig einen großen Teil an Pflege bei ihren alt gewordenen Vätern und Müttern übernehmen. Hier ist schnell von der „Sandwich-Pflege" die Rede, d.h. mittelalte Personen, vor allem Frauen, sind gleichzeitig in der Pflege der alten Eltern und ihrer Kinder engagiert. Es zeigt sich jedoch anhand von Zahlen der letzten Jahre, dass dies heute differenziert gesehen werden muss. Dazu das nächste Studien-Highlight.

Studien-Highlight 21: Ältere pflegen andere Ältere. Basierend auf umfangreichen Daten der Krankenkasse Barmer haben Rothgang und Müller (2018) den Pflegereport 2018 erstellt. Geschätzt waren von den 2,5 Mio. an pflegenden Angehörigen in Deutschland rund 67 % weiblichen Geschlechts. Klar, Frauen leisten die informelle Pflege – als Ehefrau, Tochter und Schwiegertochter. Weniger in der Öffentlichkeit zur Kenntnis genommen wird, dass fast 40 % der heute Pflege leistenden Familienangehörigen bereits selbst über 70 Jahre sind. In der obigen Studie waren dies fast eine Million Menschen (942.000; rund 38 %). Die größte Gruppe an Hauptpflegepersonen in Deutschland findet sich im Alter von 50 bis 70 Jahren. Interessant ist auch, dass das klassische Muster eines deutlich höheren

Engagements von Frauen in der Pflege in den sehr hohen Altersgruppen ab 80 Jahren umkippt und nun die Männer gleichziehen bzw. „übernehmen“. Bei der erwartungsgemäß zwar kleinen Gruppe der Hauptpflegepersonen ab 85 Jahren stellen Männer sogar „die“ Hauptpflegeperson dar. Die bis in sehr späte Lebensabschnitte lebende, stark mit chronischen Erkrankungen des Bewegungsapparats und mit Demenz konfrontierten Frauen, werden von „selektiv überlebenden Männern“ mit häufig noch relativ gutem Gesundheitszustand gepflegt. Aber halten wir allgemein fest: Menschen in der zweiten Lebenshälfte übernehmen den Löwenanteil an notwendiger familiärer Pflege.

Wichtigste Erkenntnisse: Die Forschungslage in Bezug auf enge und zufriedenstellende soziale Beziehungen ist ziemlich eindeutig: Älteren Menschen scheint es besser als Jüngeren zu gelingen, eine „gute“ Beziehungsqualität mit ihrer sozialen Nahumwelt aufrechtzuerhalten und sie tun einiges dafür, dass dies auch so bleibt. Auch zeigt sich in Bezug auf prosoziale Orientierungen, dass ältere Menschen hier viel zu bieten haben. Sie zeigen in Empathie und Altruismus höhere Werte als Jüngere, und dies könnte auch mit einem altersabhängigen Anstieg der Oxytocin-Ausschüttung zusammenhängen. Schließlich: Ohne die über 50-Jährigen wäre die familiäre Pflege in Deutschland absolut gefährdet.

Sich für die Mitwelt und den Erhalt der Schöpfung engagieren

Diese menschliche Stärke haben wir in Tabelle 2 wie folgt beschrieben:

Alles, was um mich herum ist, was für das Leben wichtig ist, erhält meine Anteilnahme und mein Engagement.

An dieser Stelle möchte ich Sie zunächst auf einen Exkurs zu einem der derzeit meistdiskutierten Themen einladen: Die Rede ist vom Klimawandel und welche Rolle dabei die Älteren spielen bzw. spielen könnten. Wenn Sie dieser Exkurs nicht interessiert, dann blättern Sie doch gleich weiter zum nächsten Forschungshaus.

Exkurs: Apropos Klimawandel – Die Alten haben es vermasselt?
Greta Thunberg hat viel bewegt und bewegt viel – Chapeau aus tiefstem Herzen! Aber – und das tut mir als Alternsforscher schon weh: „Die ältere Generation klaut uns unsere Zukunft“, sagte Greta in vorwurfsvollem Ton nun schon bei vielfachen Gelegenheiten. Zum Beispiel in Denver am 11. Oktober 2019 im O-Ton: „The older generations are failing us.“ [„Die älteren Generationen lassen uns im Stich“]. Die *Fridays-for-Future*-Bewegung hatte teilweise die ältere Generation als die Verursacherin des Klimawandels bezeichnet – und als unfähig, diesen wirksam zu stoppen. Sind am Ende die Älteren schuld am Untergang

der Welt? Sind die Älteren von heute die Generation, die angeblich den Planeten mit ihrer Raffgier, ihren überzogenen Mobilitätsbedürfnissen, einer Wegwerfmentalität und einem Wachstumsfetischismus zugrunde richtet? Doch differenziertere Stimmen gibt es auch: Auf die Frage des Journalisten Rainer Schmidt in der *Frankfurter Allgemeinen Zeitung* vom 19.09.2019: „Sind die Älteren das Problem?" antwortete Luise Neubauer: „Nein, so leicht ist das nicht. Zwar sagen wir: Ihr habt mit eurer irrationalen Gegenwartsfixierung mindestens 30 Jahre verpasst, nachhaltige und zukunftsträchtige Politik zu betreiben. Andererseits gab es viele großartige Ansätze, von der Energiewende bis hin zu Demos, die den Boden bereitet haben, auf dem wir protestieren. Wir sehen viele Verbündete in anderen Generationen, wir suchen den Austausch".[4] Das wäre auch meine Richtung: Die Stärken der zweiten Lebenshälfte zusammen mit jüngeren Menschen für den Kampf gegen den Klimawandel nutzen – keine gegenseitigen Vorwürfe oder gar Anfeindungen! Ich selbst glaube, dass eine einseitig negativ getönte Stereotypisierung der Generation der Älteren schädlich für die Klimadebatte in Deutschland ist. Dazu seien die folgenden Gründe genannt:

- Die bewusste Verstärkung der ohnehin in unserer Gesellschaft viel zu negativen und die Defizite des Älterwerdens hervorhebenden Altersbilder sind ungut. In der Alternsforschung gibt es mittlerweile eine robuste Evidenz dahingehend, welche negative Folgen die Zuschreibung und Übernahme negativer Altersstereotype nach sich zieht: Sie untergraben die eigentlich heute sehr guten Entwicklungsmöglichkeiten des späten Lebens, indem sie Krankheitsrisiken und kognitive Verluste erhöhen und den Glauben an „Agency" und Gestaltbarkeit bei älteren Menschen unterminieren (Wahl 2017; Westerhof et al. 2023).
- Auf der gesellschaftlichen Ebene untergräbt ein solch stigmatisierendes Verhalten all das, was die Älteren mit ihren vielen Möglichkeiten in unsere Gesellschaft einbringen, z. B. als Großeltern, sich freiwillig Engagierende und auch als Konsument:innen. Solche Potenziale der Älteren werden ohnehin in unserer Gesellschaft immer nur gesehen, wenn es halt mal sein muss. Denn sie passen so gar nicht in das höchst einseitige Produktivitätsverständnis, dem sich leider viele verschrieben haben, nämlich dass Produktivität am Ende ganz explizit sichtbares Geld, viel Geld erwirtschaften muss, damit sie so genannt werden kann.
- Negative Altersstereotypisierungen treiben einen Keil in den Generationendiskurs, und sie können zu einer *sich-selbst-erfüllenden Prophezeiung* werden. Sogenannte sich-selbst-erfüllende Prophezeiungen, zum ersten Mal von dem großen amerikanischen Soziologen Robert Merton (1948) beschrieben, können nicht nur auf der individuellen, sondern auch auf der gesellschaftlichen Ebene großen Schaden anrichten. Wie Merton schreibt: „Die sich-selbst-erfüllende Prophezeiung ist, am Anfang eine falsche Situationsdefinition, die neues Verhalten auslöst, das die ursprünglich falsche Sichtweise wahr werden lässt" (1948, S. 195–196). Angewendet auf unseren Zusammenhang: Wenn

4 https://www.faz.net/aktuell/politik/inland/kampf-um-die-zukunft-jenna-behrends-und-luisa-neubauer-16389256/luisa-neubauer-wenn-die-16391001.html

man die ältere Generation durch Stigmatisierung in eine Ecke stellt, dann zieht sie sich eher zurück und verweigert die Kooperation, was wiederum die Jungen als Beleg dafür nehmen können, dass man mit „denen" ja ohnehin nicht reden kann und dass sie ihre Verantwortung für die Klimakatastrophe ja ohnehin zurückweisen.

- Vielleicht am wichtigsten: Vorwürfe und stigmatisierende Äußerungen gegenüber der älteren Generation verhindern, dass die Potenziale der zweiten Lebenshälfte in Bezug auf menschliche Stärken voll zum Zuge kommen und genutzt werden können. Wir benötigen einen „Generationendeal", um die Klimawende zu schaffen – davon bin ich felsenfest überzeugt.

Forschungszimmer 1: Freiwilligenengagement

Ältere sind allgegenwärtig, wenn es um soziale Belange in unserer Gesellschaft geht. Die Großelternrolle begegnet uns allerorten. Ältere stellen gerne ihre eigenen Bedürfnisse zurück, wenn sie von ihren Kindern in der Enkelbetreuung gebraucht werden. Oder an anderen Stellen. Nichtregierungsorganisationen wie Oxfam, Greenpeace, Amnesty International und Human Rights Watch setzen auf Freiwilligenengagement und nicht wenige, die wir dort antreffen, sind über 60 Jahre. Ein anderes Beispiel: Neulich hatte ich die Gelegenheit, Näheres zur „Mannheimer Platte", einem Tafelangebot im Stadtteil Jungbusch, zu erfahren. Vor Corona waren bereits über 50 % der ehrenamtlichen Helfer weit über 65 Jahre. Nach Corona ist der Anteil der freiwilligen Helfer im Rentenalter weiter gestiegen. Ohne das Engagement dieser älteren Menschen ginge dort gar nichts.

Freiwilligenengagement wird häufig auch als wichtiger Teil des Humankapitals einer Gesellschaft gesehen. Sind ältere Menschen dabei? Dass Ältere ehrenamtlich aktiv sind, steht außer Frage. Zum Beispiel existiert seit über 40 Jahren der Senior Experten Service.[5] Senior:innen mit unterschiedlichsten beruflichen Expertisen sind unter diesem Dach weltweit ehrenamtlich tätig in kleinen und mittleren Unternehmen, öffentlichen Verwaltungen, sozialen und medizinischen Einrichtungen und Institutionen der Grund- und Berufsbildung.

Erwähnt werden muss in diesem Zusammenhang auch die *Bundesarbeitsgemeinschaft der Senioren-Organisationen* (BAGSO) als wichtigste Interessensvertretung der älteren Generation in Deutschland. Die BAGSO hat sich auf die Fahnen geschrieben, die Chancen eines guten und gesunden Älterwerdens zu verbessern und nicht zuletzt auch ein differenziertes Bild vom Alter in unserer Gesellschaft zu fördern. Sie ist ein Zusammenschluss von rund 120 Vereinen und Verbänden der Zivilgesellschaft. Sie baut im Wesentlichen auf dem

5 https://www.ses-bonn.de/startseite. Die Fotos sind der Homepage des Senioren Experten Service entnommen.

ehrenamtlichen Engagement von älteren Menschen auf.[6] Ähnliches gilt für die bereits im Jahre 1917 gegründete Organisation *Pro Senectute Schweiz.*

Studien-Highlight 22: Für andere was tun ohne Gegenleistung. Ohne die Älteren würden Freiwilligenengagement und Ehrenamt in Deutschland nicht funktionieren. Der seit 1999 erhobene *Freiwilligen-Survey* (Simonson et al. 2022), eine repräsentative Studie zum Freiwilligenengagement in Deutschland mit über 27.000 Personen ab 14 Jahren, zeigt, dass es zwischen 1999 und 2019 vor allem in der Altersgruppe der über 65-Jährigen zu einem überdurchschnittlichen Anstieg im Freiwilligenengagement kam. War der Anstieg bei den 14- bis 29-Jährigen 9 %, so bei den über 65-Jährigen mehr als 13 %. Insgesamt sind über 31 % der über 65-Jährigen und rund 40 % der 50- bis 64-Jährigen in unterschiedlichster Weise ehrenamtlich aktiv. Das insgesamt von Personen in der zweiten Lebenshälfte eingebrachte Engagement bleibt nur wenig gegenüber dem in der ersten Lebenshälfte zurück.

Forschungszimmer 2: Sorge für Umwelt und Klimakrise

Zu dieser sehr wichtigen Thematik wurde bereits oben in einem Exkurs Stellung bezogen. Deshalb hier keine weiteren Erklärungen, sondern ein Daten-Check.

Studien-Highlight 23: „Grannies for Future". Eine Studie der *European Investment Bank* (EIB), der *EIB Climate Survey*, basierend auf Daten von 2020 bis 2021, bestätigt, dass die ältere Generation in Bezug auf Klimafragen zu den „Werteträgern" gehört[7]. Die Studie basiert auf Repräsentativdaten erhoben in Europa, den USA und China an rund 30.000 Personen im Alter von 15 Jahren und älter. Sie enthält auch Auswertungen nach Altersgruppen und diese interessieren hier besonders in Bezug auf Deutschland. Nicht selten zeigen hier, in Bezug auf die erfragten unterschiedlichen Themen, die über 65-Jährigen die höchsten Ausprägungen, etwa hinsichtlich der Priorisierung von erneuerbaren Energien (15- bis 29-Jährige: 33 %; über 65-Jährige: 47 %) und der Anpassung des Mobilitätsverhaltens und von Mobilitätsformen wie Reduktion von Reisen (15- bis 29-Jährige: 34 %; über 65-Jährige: 41 %). Bessere Recyclingsysteme unterstützen 47 % der 15- bis 29-Jährigen, aber 53 % der über 65-Jährigen, den Stopp nicht nachhaltiger und nicht reparierbarer Produkte finden 37 % der 15- bis 29-Jährigen, aber 61 % der über

6 https://www.bagso.de/

7 https://www.eib.org/en/surveys/climate-survey/3rd-climate-survey/index.htm

65-Jährigen gut. Die über 65-Jährigen sind, wenn auch nicht immer auf hohem Niveau, vorne bei dem Verbot von Kurzstreckenflügen (31 % der 15- bis 29-Jährigen, aber 46 % der über 65-Jährigen), einer Karbonsteuer für alle Flüge (23 % der 15- bis 29-Jährigen, aber 37 % der über 65-Jährigen) und bei einem generellen Tempolimit auf Straßen und Autobahnen (12 % der 15- bis 29-Jährigen, aber 26 % der über 65-Jährigen).

Eine relativ neue auf Deutschland bezogene Studie ist eine Repräsentativumfrage mit über 2000 Personen über 14 Jahre im Auftrag des Umweltbundesamts von 2020 mit dem Titel *Umweltbewusstsein in Deutschland 2020. Ergebnisse einer repräsentativen Bevölkerungsumfrage*, veröffentlicht 2022[8]. Die Ergebnisse basieren ausschließlich auf einer Befragung (Abbildung 5).

Abbildung 5: Selbsteinschätzung zum Umweltbewusstsein bei 14- bis über 70-Jährigen (entnommen aus Studie „Umweltbewusstsein in Deutschland" 2020, S. 19; dort Abbildung 2)

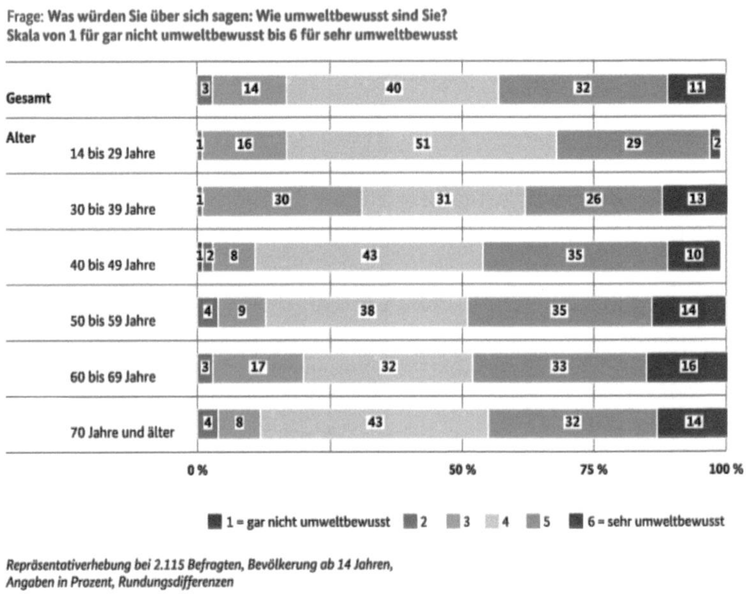

Wie in Abbildung 5 zu sehen, schneiden die 60- bis 69-Jährigen in der Selbsteinschätzung als sehr umweltbewusst am besten von allen Altersgruppen ab und die über 70-Jährigen sowie die 50- bis 59-Jährigen am zweitbesten. Die zweite Lebenshälfte liegt vorne! Es mag sein, dass die deutlich schlechteren Bewertungen der 14- bis 29-Jährigen daher rühren, dass sie für Widersprüche in ihrem Handeln

8 https://www.umweltbundesamt.de/publikationen/umweltbewusstsein-in-deutschland-2020

empfänglicher sind und diesen kritischer gegenüberstehen, während die Älteren dies unkritischer und „rosiger“ sehen. Dennoch finde ich die Befunde in einer Lebensspannenperspektive gesehen bemerkenswert. Und sie bestätigen sich auch in anderen Aspekten der Studie. In Bezug auf den Indikator Umwelteinstellungen – hier gingen Gefühle (z. B. „Ich bin beunruhigt.“) und Kognitionen („Jeder trägt Verantwortung“) ein – zeigen die Älteren die relativ höchsten Werte. Beim Indikator Klimaeinstellungen zeigt sich gegenüber den Gruppen im mittleren Alter ein Anstieg bei den Älteren. Die Veränderungsbereitschaft in Bezug auf klimabewusstes Verhalten geht ab 40 Jahre zurück, jedoch zeigt sie auch wieder einen Anstieg bei den 60- bis 69-Jährigen. Tatsächliches Umweltverhalten (Selbstbericht) geht zwar bei Personen ab 70 Jahren zurück, liegt aber bei den 60- bis 69-Jährigen durchaus im Bereich der 30- bis 59-Jährigen. Insgesamt ist auffallend, dass im Ergebnisbericht nur wenig auf die Gruppe der Älteren eingegangen wird – das ist in einer Gesellschaft des langen Lebens und der Notwendigkeit der Differenzierung auch im hohen Alter bedauerlich. Der nach meiner Prüfung einzige Kommentar im Report zu älteren Personen lautet: „Ebenfalls niedrigere Werte im Umweltverhalten bei zusätzlich sehr niedriger Veränderungsbereitschaft zeigen sich bei den Personen ab 70 Jahren“. Kein Wort dazu, dass die zweite Lebenshälfte insgesamt recht gut und verantwortungsbewusst dasteht. Vor allem die 60- bis 69-Jährigen schneiden in fast allen Indikatoren recht gut ab. Einseitigen und wahrscheinlich vorurteilsgeladenen Negativbeschreibungen in wissenschaftliche Studien zum Umweltbezug von älteren Menschen sollten wir also sehr kritisch begegnen, zumal auch weitere Studien (siehe oben) die Notwendigkeit eines differenzierten Bildes zum Thema Umweltverhalten unterstreichen.

Forschungszimmer 3: Finanzielle Transfers für gute Zwecke

Engagement für gute Zwecke zeigt sich nicht zuletzt in der Bereitschaft zu spenden oder in anderen Formen, Geldtransfers ohne Erwartung von Gegenleistungen zu arrangieren. Selbstlos das eigene Geld weiterzugeben – das scheint mir unzweifelhaft eine menschliche Stärke zu sein.

Studien-Highlight 24: Abgeben gibt mir was. In der eben erwähnten Studie des Umweltbundesamts zeigten die Älteren die höchste Bereitschaft, Geld für Umweltschutzprojekte zu spenden. In der allgemeinen *Spendenstatistik des Deutschen Zentralinstituts für soziale Fragen 2020*[9] auf der Grundlage des SOEP zeigt sich ein deutlicher Zusammenhang zwischen Alter und Spendenquote; diese steigt mit

9 https://www.dzi.de/wp-content/uploads/2021/11/DZI-Spendenstatistik-2020.pdf

zunehmendem Alter an (Tabelle 3). Zwischen 2014 und 2017 blieb diese Quote zwar relativ konstant, aber die gespendeten absoluten Beträge stiegen nur bei jüngeren und älteren Menschen nochmals deutlich an.

Tabelle 3: Spendentätigkeit allgemein in Deutschland 2014 und 2014 nach Geschlecht und Alter (DZI Spendenstatistik 2020, Auszug dort aus Tabelle, S. 7)

	Spendenquote (in Prozent)		**Spendenhöhe** (in Euro)	
	2014	**2017**	**2014**	**2017**
allgemein	47	47	258	301
Geschlecht				
Frauen	48	49	216	251
Männer	46	45	304	357
Lebensalter				
18 bis 34 Jahre	30	30	111	158
35 bis 49 Jahre	44	48	267	254
50 bis 64 Jahre	49	49	254	329
65 und älter	61	58	314	375

Ferner weisen Frauen insgesamt keine niedrigere Spendenquote, aber eine niedrigere Spendenhöhe auf. Darin dürften sich vor allem die ökonomischen Unterschiede zwischen den Geschlechtern auch in der zweiten Lebenshälfte widerspiegeln.

Studien-Highlight 25: Materielles für die nächsten Generationen. In der Studie von Klaus und Mahne (2017) wurde der Austausch von Unterstützung zwischen den Generationen anhand von Daten des Deutschen Alterssurveys (DEAS) zwischen 1996 und 2014 untersucht. Die wesentlichen Befunde waren: Innerhalb einer Familie fließen materielle Ressourcen häufiger von den älteren zu den jüngeren Generationen. Solche Transfers fanden im Jahr 2014 häufiger statt als im Jahr 1996: Zum Beispiel erfolgten bei 55- bis 69-Jährigen materielle Transfers an erwachsene Kinder im Jahr 2014 zu 37,5 %; 1996 waren es 29,5 %. Bei den 70- bis 85-jährigen Großeltern haben sich die Transferraten an ihre Enkel von 14,8 % im Jahr 1996 auf 28,4 % im Jahr 2014 fast verdoppelt. Die zweite Lebenshälfte finanziert in einem nicht unbedeutenden Ausmaß die erste Lebenshälfte.

Wichtigste Erkenntnisse: Ältere Menschen sind durchweg in unterschiedlichsten Bereichen sehr engagiert in Bezug auf das Wohl und Wehe ihrer Mit- und Nachwelt. Dies ist nach einem Daten-Check völlig evident in Bezug auf Freiwilligenengagement, Generativität, Spendenbereitschaft und finanzielle Transfers in Bezug auf Kinder und Enkelkinder. Weniger in die Öffentlichkeit ist bislang gedrungen, dass Ältere auch in Bezug auf Umwelt und Klima durchaus gut dastehen. Auch hier wird die zweite Lebenshälfte unbedingt gebraucht.

5.3 Dritte Stärke der zweiten Lebenshälfte: Lebenswissen und Lebensklugheit

Kognitive Leistung ist mehr als schnelle und fehlerfreie Informationsverarbeitung. Eine weitere Klasse von geistigen Leistungen wird häufig als die Pragmatik der geistigen Leistungsfähigkeit bezeichnet (Baltes et al. 2006). Pragmatische geistige Leistungen umfassen ein ganzes Bündel von Fähigkeiten, die alle gemeinsam haben, dass sie im Laufe des Lebens gelernt bzw. durch die unterschiedlichsten Erfahrungen erworben, verfeinert und geschärft wurden. Es geht etwa um die Verarbeitung von Lebenserfahrungen dahingehend, was in bestimmten Lebenssituationen eher aussichtsreich ist, was weniger. Es geht überhaupt um so etwas wie „Weltwissen", z. B. Wissen zur Ortsgeschichte, Landesgeschichte, Wissen zu politischen Systemen und deren Unterschiede und Ähnlichkeiten. Ein wesentlicher Bereich der Pragmatik ist ferner die Sprache. Sprache entfaltet sich erst im Laufe der Entwicklung durch „Reibung" mit der realen Welt. Sie wird differenzierter, man findet später im Leben treffendere Beschreibungen, die man so als junger Mensch nicht hätte artikulieren können. Einiges spricht dafür, dass wir im Mittel im Laufe des Älterwerdens elaborierter in unseren „Sprachcodes" werden, wir kennen mehr Begriffe und „Fremdwörter", werden souveräner im Umgang mit Sprache, steigern auch nicht selten unsere Erzählfähigkeit.

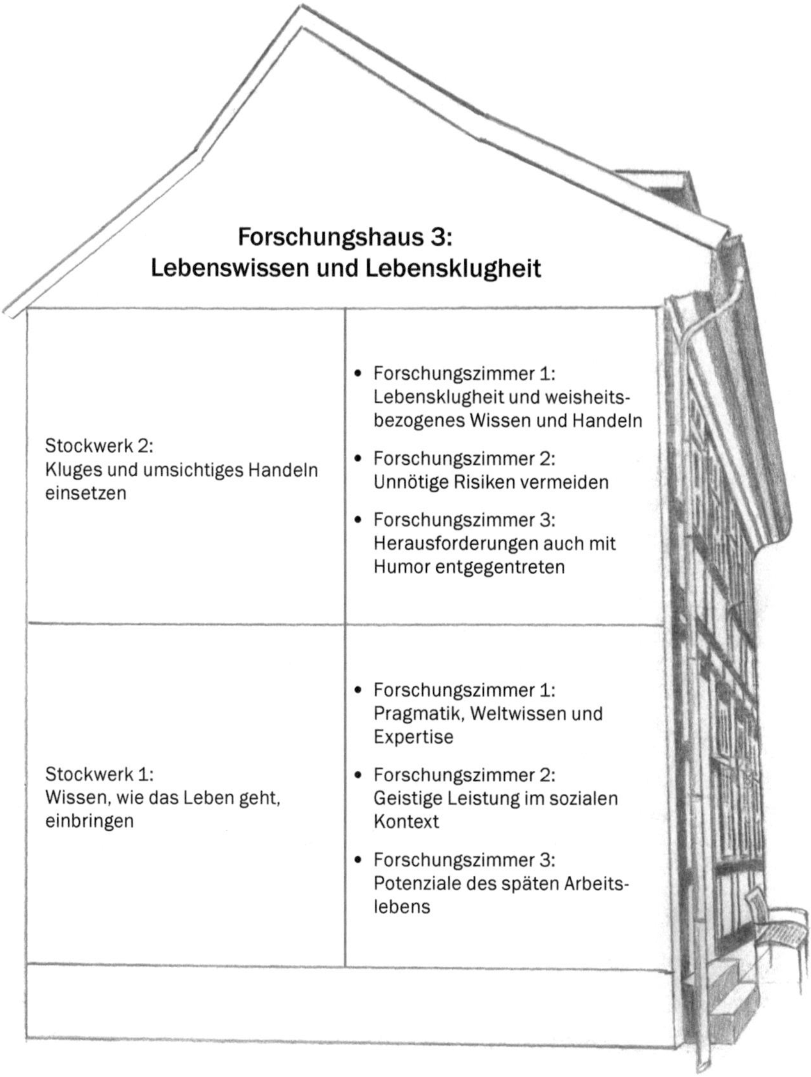
Forschungshaus 3:
Lebenswissen und Lebensklugheit
Stockwerk 2:
Kluges und umsichtiges Handeln einsetzen
• Forschungszimmer 1: Lebensklugheit und weisheitsbezogenes Wissen und Handeln
• Forschungszimmer 2: Unnötige Risiken vermeiden
• Forschungszimmer 3: Herausforderungen auch mit Humor entgegentreten
Stockwerk 1:
Wissen, wie das Leben geht, einbringen
• Forschungszimmer 1: Pragmatik, Weltwissen und Expertise
• Forschungszimmer 2: Geistige Leistung im sozialen Kontext
• Forschungszimmer 3: Potenziale des späten Arbeitslebens

Wissen, wie das Leben geht, einbringen

Diese menschliche Stärke haben wir in Tabelle 2 wie folgt beschrieben:

Lebenserfahrungen und Lebenswissen mit Offenheit und Bewusstheit für sich selbst und andere nutzbar machen.

Forschungszimmer 1: Pragmatik, Weltwissen und Expertise

Wir können mit unserer Großhirnrinde vieles durchdringen. Großartige Erkenntnis und komplexes Verhalten (z. B. Autofahren) sind die Folgen. Hier geht es z. B. um schnelle und möglichst fehlerfreie Verarbeitung von Informationen, um anspruchsvolle Gedächtnisleistungen und schwierige Mustererkennung. Diese kognitiven Funktionen entwickeln sich bereits früh in der Embryogenese und reifen im Verlauf der Kindheit weiter aus, wobei biologische Reifung und Umwelterfahrungen (z. B. elterlicher Erziehungsstil, Kindergarten, Freunde) in einer Wechselbeziehung stehen. Mit etwa 15 Jahren sind sie weitgehend aufgebaut. Das besonders Gute an ihnen ist ihre Situationsunabhängigkeit; sie erlauben flexible und effiziente Antworten auf die unterschiedlichsten Anforderungen, denen wir begegnen. Demgegenüber baut die sogenannte Pragmatik der geistigen Leistung vollständig auf erworbenen Wissenselementen auf und entfaltet sich durch fortlaufende Erfahrungen und deren Verarbeitung. Es geht etwa um den Aufbau von immer wieder neu vernetztem Wissen, um Lese- und Schreibfähigkeit, um alltägliches Problemlösen, um Wortwissen und Wortbedeutungen.

Studien-Highlight 26: Die zweite Lebenshälfte wird immer schlauer und „stärker". Sind die heute Älteren besser in ihren kognitiven Leistungen als jene, die vor zwei bis drei Jahrzehnten lebten? Gerstorf et al. (2015) haben dazu zwei existierende Datensätze analysiert. Die erste Studie wurde in den Jahren 1990 bis 1993 durchgeführt, die andere 2013 bis 2014, also rund 20 Jahre später. Mittels einer statistischen Prozedur wurden aus jeder der beiden Stichproben 161 Menschen mit einem mittleren Alter von 75 Jahren herausgenommen, die besonders gut vergleichbar waren. Dabei wurde hinsichtlich objektiv gemessener kognitiver Leistungen eine sehr starke Verbesserung der später untersuchten gegenüber der früher untersuchten Kohorte gefunden. Die 2013/14 untersuchten 75-Jährigen waren kognitiv gesehen rund 19 Jahre jünger, d. h. sie wiesen im Vergleich mit den 1990 bis 1993 Untersuchten „eigentlich" erst ein „kognitives Alter" von 56 Jahren auf. Kognitive Leistungsfähigkeit ist demnach in den zurückliegenden Jahrzehnten in der zweiten Lebenshälfte stark angestiegen. Das sollte auch für die lebenslange Bewahrung menschlicher Stärken eine gute Ressource sein.

Und es geht sogar noch weiter mit der historischen Verbesserung der zweiten Lebenshälfte und des Älterwerdens über die zurückliegenden drei bis vier Dekaden hinweg bis heute (Drewelies et al. 2019; Wettstein et al. 2023):

- das Bildungsniveau ist angestiegen (besonders bei alten Frauen).
- Die körperliche Funktionalität ist angestiegen.
- Das Gefühl, autonom handeln zu können, ist angestiegen.
- Autonomie und Zielgerichtetheit Älterer wird stärker.
- Einsamkeit ist (tatsächlich!) zurückgegangen.
- Wir fühlen uns immer jünger.

Man könnte auch sagen: Die zweite Lebenshälfte wird immer stärker.

Studien-Highlight 27: Wissen, wie die Welt funktioniert. Oft wird in der Öffentlichkeit argumentiert, die geistige Leistungsfähigkeit würde mit dem Älterwerden zurückgehen. Wie beispielsweise die vom amerikanischen Kognitionsforscher Timothy Salthouse (2004) berichteten Befunde mit über 1000 Personen zwischen 20 und 80 Jahren zeigen, ist diese Sichtweise nur teilweise zutreffend. Kognitives Altern ist vielmehr durch eine Art Zweiteilung gekennzeichnet (Abbildung 6). Auf der einen Seite gehen vor allem geschwindigkeitsabhängige Leistungen, wie möglichst schnell und fehlerfrei eine Aufgabe zu lösen, mit dem Älterwerden deutlich zurück. Das gilt ebenso für viele Gedächtnisleistungen wie etwa das Arbeitsgedächtnis. Auf der anderen Seite steigt, wie Abbildung 6 auch eindrücklich zeigt, so etwas wie „Weltwissen", etwa Wissen zur Bedeutung von Begriffen und verbale Fähigkeiten, mit dem Älterwerden an und bleibt dann recht stabil bis ins höchste Alter. Man könnte auch sagen: In der ersten Lebenshälfte sind wir kognitiv schneller, in der zweiten Lebenshälfte sind wir reflektierter.

Abbildung 6: Zweiteilung der Entwicklung geistiger Fähigkeiten im Lebensverlauf (vereinfacht und deutsch beschriftet nach Salthouse 2004, S. 141; Punkte stellen Mittelwerte dar; auch werden mittlere Abweichungen vom Mittelwert dargestellt)

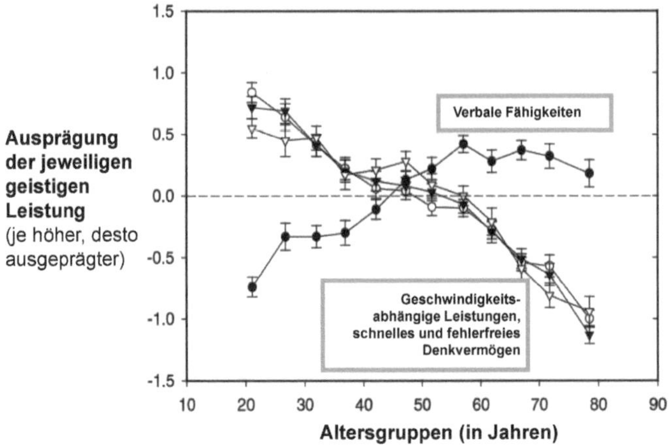

Studien-Highlight 28: Stolz auf eigene Spezialleistungen. Die Untersuchung von lebenslang erworbener Expertise in umschriebenen Gebieten wie z. B. Schachspielen, Skatspielen, ein Instrument spielen oder auch beruflich aufgebauten Wissens- und Erfahrungsbereichen hat sich als ein wichtiges Gebiet der kognitiven Alternsforschung entwickelt. Interessant ist die Frage, ob solche Expertisen („Da macht mir keine/r was vor"), versehen mit vielen Erfahrungen und kreativen Vernetzungen, eventuell sogar gar keine Alternsverluste zeigen. Auch ist zu fragen, ob Expertise eventuell weitere Gewinne mit sich bringt, wie z. B. eine Stärkung des kognitiven Systems spät im Leben generell. In einer relativ kleinen, aber theoretisch und methodisch sehr feinen Studie untersuchte Lindenberger (1990) in seiner Dissertation die Leistungen von 6 älteren Graphik-Designern im Alter von 64 bis 81 Jahren gegenüber 6 gut vergleichbaren Menschen ganz ähnlichen Alters ohne eine solche Expertise und 6 jungen Personen im Alter von 22 bis 23 Jahren. Alle Personen erhielten ein Training in der sogenannten „Methode der Orte". Das ist eine effiziente Strategie zur Verbesserung von Gedächtnisleistungen, die bereits in der Antike bekannt war. Man verbindet dabei neu zu lernende Inhalte mit einer hochvertrauten Landkarte von Orten, etwa in Berlin mit dem Brandenburger Tor, dann mit dem Stadtschloss, dann mit der Philharmonie. Wenn man dann nach der Lernphase diese Orte im Geiste durchwandert, so unterstützt dies die Erinnerung der jeweils neu erlernten Inhalte, die mit dem betreffenden Ort verknüpft wurden. Lindenberger fand, dass die „gelernten" und nun älteren Graphik-Designer in dieser sehr visuell gestützten Trainingsmethode tatsächlich signifikant besser abschnitten als die älteren Menschen ohne

Expertise im Bereich Graphik-Design. Allerdings zeigten die Jüngeren noch einmal bessere Gedächtnisleistungszugewinne als die Älteren mit (und ohne) Expertise.

Neben solchen Trainingsaufgaben, die vielleicht etwas abstrakt anmuten, gibt es durchaus viele Hinweise, dass Ältere in einigen Bereichen der kognitiven Leistung zumindest nicht deutlich schlechter abschneiden als Jüngere, z. B. beim Lösen praktischer Problemen, in Bereichen der sozialen Intelligenz, in alltagsnahen Planungsaufgaben oder als Expert:innen in Schach und Skat. Beim Schachspielen z. B. überlagern sich Alters- und Schachfähigkeiten in komplexer Weise (Moxley & Charness 2013). Man könnte vielleicht sagen: In komplexen Fähigkeiten, die ein ganzes Leben trainiert wurden und in denen ein hohes Expertise-Niveau erzielt wurde, wie häufig beim Schachspielen oder dem Spielen eines Instruments, treten Fähigkeiten (skills) und altersbezogene Effekte (z. B. kognitive Verlangsamung) in einen „Kampf der Titanen", bei dem lange Zeit bis ins höchste Alter nicht klar ist, wer „siegen" wird. Denken wir an den Pianisten Arthur Rubinstein oder den Cellisten und Dirigenten Pablo Casals, die beide noch mit über 90 Jahren öffentliche Auftritte hatten. Casals dirigierte noch in seinem letzten Konzert im Jahre 1973 im Alter von 96 Jahren das israelische Jugendorchester. Casals übte auch noch mit über 90 Jahren mehrere Stunden pro Tag und antwortete auf die Frage „Warum?" mit den Worten „Ich habe den Eindruck, ich mache Fortschritte."[10] Rubinstein gab sein letztes Konzert mit 89 Jahren im Jahr 1976 in der Londoner Wigmore Hall. Sicher, das sind Ausnahmepersönlichkeiten, aber sie zeigen eben doch, was alles auch spät im Leben noch möglich ist.

Studien-Highlight 29: Gefühle gut verstehen. Wie beschreiben und verstehen wir unsere emotionalen Zustände über die Lebensspanne hinweg? Das ist nicht gerade ein großes Forschungsfeld in der Psychologie, aber vereinzelte Beiträge dazu sind schon recht früh geleistet worden. Das gilt vor allem für eine experimentelle Studie von Labouvie-Vief et al. (1989) mit 72 Personen im Alter zwischen 10 und 77 Jahren. Sie haben ihre Studienteilnehmer:innen um die offene Beschreibung von vier sehr grundlegenden Emotionen gebeten, die unser ganzes Leben immer wieder in hohem Maße beeinflussen: Wut, Trauer, Angst und Glück. Die Beschreibungen wurden dann anhand eines aufwändigen Kodiersystems hinsichtlich ihrer Tiefe, Vielschichtigkeit und Differenziertheit ausgewertet. Dabei zeigte sich, dass die Beschreibungen mit zunehmendem Alter anschaulicher wurden sowie zunehmend mit lebensnahen Erfahrungen, mit mehr Beschreibung der körperlichen Empfindungen und auch mit mehr Widersprüchlichkeiten (z. B. Wut kann

10 Für einen ersten Überblick: https://de.wikipedia.org/wiki/Pau_Casals

schlecht und gut sein) versehen wurden. Kurz um: Das Beschreiben und Verstehen von grundlegenden emotionalen Zuständen, auch eine Variante unserer kognitiven Leistung, wird in der zweiten Lebenshälfte reichhaltiger und komplexer. Allerdings gab es in der Studie auch Hinweise darauf, dass diese „Leistung" im hohen Alter abnimmt.

Forschungszimmer 2: Geistige Leistung im sozialen Kontext

Vieles aus der experimentalpsychologischen Forschung spricht dafür, dass sich individuelles Verhalten in einem Gruppenkontext, speziell in direkten Interaktionen mit anderen, verändert. Das mag in unterschiedliche Richtungen, positivere oder negativere, gehen. Manches deutet daraufhin, dass schwierige Lebensprobleme im Dialog mit anderen tiefschichtiger durchdrungen werden können als „nur" durch ausschließlich individuelle Reflexion.

Studien-Highlight 30: Zusammen geistig besser sein. In einer experimentellen Studie haben Staudinger und Baltes (1996a) jüngere und ältere Menschen (244 Personen zwischen 20 bis 70 Jahren) in unterschiedlichen experimentellen Bedingungen mit schwierigen Lebensproblemen konfrontiert und sie in unterschiedlichen sozialen Kontexten (mit anderen älteren Menschen oder mit jungen Menschen) um die Erarbeitung von Lösungsmöglichkeiten gebeten. Eine der „schwierigen" Aufgaben bestand z. B. darin, dass eine Person einen Anruf von einem guten Freund/einer guten Freundin erhält, bei dem dieser/diese mitteilt, dass er/sie die Absicht habe, Selbstmord zu begehen. Dabei zeigte sich, dass die Älteren in stärkerem Maß als die jungen Versuchsteilnehmer:innen von der Austauschmöglichkeit mit anderen Personen zu dem vorgegebenen Problem profitierten. Sie produzierten in der sozialen Austauschsituation besonders tief durchdringende und reichhaltige Lösungsvorschläge. Mit anderen Worten: Es scheint für ältere Menschen, konfrontiert mit schwierigen Lebensereignissen, besonders motivierend und förderlich zu sein, all ihr Wissen und ihre Erfahrungen im sozialen Miteinander auf den Punkt zu bringen. Das wahrscheinlich im Zuge unserer Evolution herausgebildete Element des sich Beratens als einer überlebenswichtigen Anpassungsstrategie trifft in der zweiten Lebenshälfte auf einen viel größeren, über lange Zeit angesammelten und immer wieder neu verarbeiteten Erfahrungsschatz. Denken wir z. B. an den Ältestenrat des deutschen Bundestages, der nicht nur „alte" Parlamentarier:innen vereinigt, sondern vor allem jene mit viel parlamentarischer Erfahrung. Dieses Gremium bewährt sich immer wieder mit seinen Ratschlägen, wenn es „brenzlig" wird im parlamentarischen Alltag.

Studien-Highlight 31: Bessere Erzähler:innen werden. In einer Studie von Adams et al. (2002) wurde untersucht, ob sich die Erzählleistung, auch eine Variante unserer kognitiven Fertigkeiten, steigert, wenn man eine Geschichte unterschiedlichen Personen (Erwachsenem versus Kind) vorträgt. Dazu wurde die Erzählleistung von 48 älteren Frauen (63 bis 73 Jahre) mit jener von 47 jüngeren Frauen (18 bis 24 Jahre) verglichen. Es zeigten sich zwar generell Ähnlichkeiten in der Anpassung des Erzählens an kindliche Bedürfnisse zwischen beiden Altersgruppen; die älteren Menschen wiesen allerdings insgesamt mehr Kreativität und einfallsreichere Beschreibungsformen als die jüngeren Vorleserinnen in der Art ihres Erzählens gegenüber Kindern auf, nicht aber gegenüber Erwachsenen. Man könnte auch sagen: Die zweite Lebenshälfte kann zu besonderen Höchstleistungen auflaufen, wenn sie von der frühen ersten Lebenshälfte gefordert und angeregt wird.

Forschungszimmer 3: Potenziale des späten Arbeitslebens

Die alternde Arbeitsgesellschaft ist längst eine bedeutsame Realität geworden. Von vielen wird sie leider vor allem als Bedrohung von Produktivität und der Innovationsfähigkeit der Wirtschaft gesehen. Industrie 4.0/5.0 und so viele Ältere in den Betrieben – das muss doch schiefgehen, so wird häufig behauptet. Aber da scheinen viele Vorurteile gegenüber den sogenannten älteren Arbeitnehmer:innen eine Rolle zu spielen. Vor allem die auf ältere Arbeitnehmer:innen abhebende Arbeits- und Organisationspsychologie hat hier in den zurückliegenden 20 Jahren viel an Differenzierung erbracht. Sie wird allerdings häufig in den Personalabteilungen der Unternehmen nicht wahrgenommen. Negative Stereotype gegenüber älteren Mitarbeiter:innen werden wie selbstverständlich weiter gepflegt. Jedoch tut sich in diesem Bereich auch etwas und zunehmend setzt sich eine Sichtweise dahingehend durch, dass „demografiesensible" Unternehmen mittel- und längerfristig gesehen bessere Marktchancen haben werden (Sonntag & Wahl 2022).

Es geschieht tatsächlich bereits viel in Unternehmen bis hin zu der wichtigen Frage, wie das Wissen und die Expertise nach dem Ausscheiden von älteren Mitarbeiter:innen für Unternehmen bewahrt werden kann. Gute Beispiele und Modelle, die funktionieren, sind hier überaus wichtig. Natürlich müssen auch die heute „richtigen" Begrifflichkeiten her: Generationenmanagement, Exit-Management, Gestaltung des Offboarding. Ein Praxis-Beispiel ist der Senior Expert:innen Pool[11]: Bei *thyssenkrupp* ist es die Senior Experts GmbH

11 https://www.vdz.org/arbeitswelt-und-transformation/personalmanagement-offboarding-ruhestand-wissenstransfer#article-series-panel.

mit pensionierten Fach- und Führungskräften. Die Idee: Für Unternehmen und Organisationen wird es immer wichtiger, spezielles Wissen von Fach- und Führungskräften auch nach deren Berufsaustritt zu nutzen und so auf wichtiges Know-How zurückzugreifen. Ein solches Know-How eben nicht zu ignorieren oder zu vergeuden. Dieses Erfahrungswissen bietet eine Win-Win-Situation für beide Seiten – für ältere Arbeitnehmer:innen und Unternehmen. Langjährig aufgebautes Erfahrungswissen wird auf diese Weise nicht nur erhalten, sondert findet auch Wertschätzung. Und damit auch die Träger:innen und Produzent:innen dieser Expertise – sie sind alles andere als „altes Eisen".

Studien-Highlight 32: Noch ziemlich voll auf der Höhe im Job. In einer Meta-Analyse[12] werteten Ng und Feldman (2020) 800 wissenschaftliche Publikationen hinsichtlich Einstellungen zur Arbeit aus. Gefunden wurde, dass höheres Lebensalter mit höherer Arbeitszufriedenheit, Zufriedenheit mit Bezahlung und Arbeitsmotivation einherging. Das Erleben von Arbeitsüberlastung und Burnout fand sich hingegen eher bei jüngeren Menschen in den untersuchten Betrieben. Entgegen gängiger Vorurteile sind ältere Mitarbeiter:innen demnach insgesamt nicht weniger motiviert, engagiert und zufrieden mit der Arbeit als jüngere Kolleginnen und Kollegen. Natürlich bestätigen Ausnahmen die Regel. Aber bei einer Gesamtwürdigung aller wissenschaftlichen Studien stellt sich die Situation insgesamt so dar, wie bei Ng und Feldman (2020) gefunden. Es scheint sich derzeit insgesamt immer mehr abzuzeichnen, dass die Bedeutung der zweiten Hälfte des Arbeitslebens sträflich unterschätzt wurde – von den Unternehmen und Arbeitgeber:innen und von der Gesellschaft insgesamt. Die andauernde Diskussion um Risiken des Fachkräftemangel und die notwendige Rückkehr von Älteren mit viel Wissen und Expertise in kleine und große Unternehmen spricht hier Bände.

Studien-Highlight 33: Rolle von Berufserfahrung nicht zu unterschätzen. Arbeitsproduktivität zu verlieren gehört wahrscheinlich, wie schon gesagt, zu den größten Ängsten schnell alternder Arbeitsgesellschaften. Deshalb sind methodisch sehr gute Studien zu Altersunterschieden in Leistungen und Produktivität in kritischen Industriebereichen sehr bedeutsam, um hier Antworten zu geben. So haben Börsch-Supan und Weiss (2016) eine differenzierte Analyse der Arbeitsproduktivität von Beschäftigten eines großen Lastwagenwerkes im Süden Deutschlands unternommen. Es standen Daten zu Fehlerraten (Wie viele? Wie schwerwiegend?)

12 Bei einer Meta-Analyse werden die Befunde von möglichst vielen Einzelstudien mathematisch neu zusammengeführt.

im Zuge des Produktionsprozesses am Band als Einschätzung von Produktivität und Effizienz zur Verfügung. Da die Abläufe in derartigen Produktionslinien heute hochstandardisiert sind, ist der Output der Teams sehr ähnlich. Aber die Fehlerrate kann durchaus unterschiedlich sein, was die späteren Qualitätschecks zeigen. Schwerwiegende Fehler können dann sehr teuer werden. Einbezogen wurden über 3800 Beschäftigte zwischen 25 und 65 Jahren, organisiert in 100 Produktionsteams. Ferner umfasste das Datenmaterial fast 1000 Tage, an denen Daten der Teams völlig anonym gesammelt wurden, was insgesamt zu einer Stichprobe von etwa 1,5 Mio. Arbeitstagen führte, die ausgewertet werden konnten. Die Ergebnisse sind überraschend (Abbildung 7, linker Teil). Die reine Fehlerrate stieg zwar zunächst mit dem Alter leicht an, ging aber etwa ab dem Alter von 55 Jahren wieder zurück! Zwischen 60 und 65 Jahren wurde die Stichprobe relativ klein, sodass hier eine große Messfehlermarge bestand. Der eben beschriebene positive Alterstrend aber blieb. Noch wichtiger war allerdings (Abbildung 7, rechter Teil), dass die Schwere der Fehler, die Unternehmen viel Geld kosten können, mit zunehmendem Alter der Beschäftigten deutlich zurückging. Ältere Arbeitnehmer:innen sparen also dem Unternehmen in gewisser Weise Kosten!

Abbildung 7: Anzahl Fehler und Schwere von Fehlern (vereinfacht und deutsch beschriftet nach Börsch-Supan & Weiss 2016, S. 35; Dank an Herrn Mathias Weiss für die Bereitstellung der Originalgrafiken)

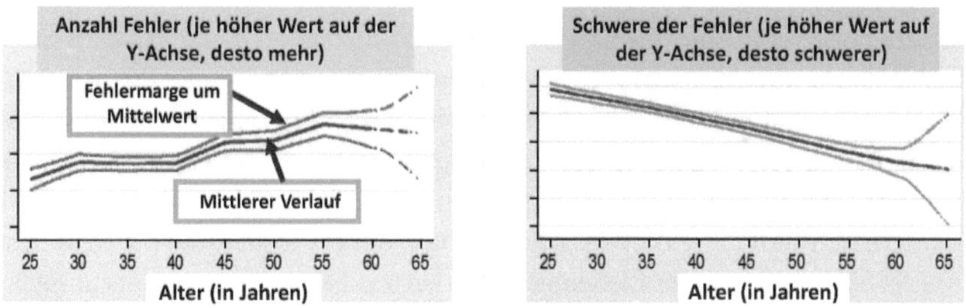

Sicher muss man mit der Verallgemeinerung solcher Befunde vorsichtig sein. Es handelte sich nur um eine spezifische Branche. Andererseits spricht einiges dafür, dass das Ergebnis in anderen Sparten unserer Wirtschaft und in unterschiedlichen Arbeitsfeldern auch gelten könnte, nicht zuletzt auch in Handwerksbetrieben (L. Naegele 2020).

Studien-Highlight 34: Sich im Arbeitsleben immer wieder neu orchestrieren. In einer Tagebuchstudie untersuchte meine ehemalige Doktorandin Vera Clavairoly (2014) den Zusammenhang zwischen dem Einsatz von SOK-Strategien (siehe oben) und verschiedenen arbeitsbezogenen Variablen an einer Stichprobe von 64 Architektinnen und Architekten im Alter von 32–84 Jahren. Dabei zeigten sich positive Zusammenhänge insbesondere zwischen den Strategien der Selektion und Optimierung mit den Variablen Arbeitsleistung, arbeitsbezogenes Wohlbefinden und Arbeitsmotivation. Das galt für alle Lebensalter. Mit anderen Worten: SOK-Strategien scheinen für jüngere wie für ältere Arbeitnehmerinnen und Arbeitnehmer bedeutsam zu sein. Im Bereich der Pflegeberufe untersuchten Müller et al. (2013) den Einsatz von SOK-Strategien anhand einer schriftlichen Befragung an 438 „Pflegeprofis" im Alter von 21–63 Jahren. Als häufigste Selektions-Strategien wurden „Setzen von Prioritäten" und „Akzeptieren persönlicher Grenzen" genannt. Häufigste Strategien der Optimierung waren „Verbesserungsvorschläge für die Arbeit" zu machen bzw. zu „trainieren, um die körperlichen Anforderungen erfüllen zu können". Kompensatorische Strategien waren vor allem „Bitten um Hilfe bei der Ausübung schwerer körperlicher Aufgaben" sowie die „Inanspruchnahme von Therapien (z. B. Physiotherapie)". Es fand sich ein leichter positiver Zusammenhang zwischen Arbeitsfähigkeit und den SOK-Strategien; dieser war bei den älteren „Pflegeprofis" höher. Insgesamt scheint es hilfreich zu sein, sich in späten Berufsphasen zunehmend auf jene Bereiche zu konzentrieren, in denen eigene Leistungen besonders gut sind und aufrechterhalten werden können (Selektion). Optimale Arbeitsplatzgestaltung kann zudem kompensatorisch wirken (Kompensation), sodass daraus insgesamt ein weiterhin guter „Output" als auch Zufriedenheit resultieren können (Optimierung; übrigens für den Einzelnen *und* für das Unternehmen).

Studien-Highlight 35: Die Mischung macht's – Generationenteams in der Arbeitswelt. In einer großen Studie von Wegge et al. (2012) wurde die Frage untersucht, unter welchen Bedingungen Arbeitsteams mit jüngeren und älteren Arbeitnehmer:innen („Generationenteams") besonders produktiv sind. Dazu wurden insgesamt 745 solcher Teams mit insgesamt 8848 Beschäftigten in drei unterschiedlichen Bereichen untersucht: Autoindustrie, Öffentliche Verwaltung und Finanzdienstleistung. Die Ergebnisse zeigten, dass es allgemein betrachtet Vor- und Nachteile hinsichtlich der Produktivität derartiger Teams gibt; allgemeine Aussagen sind schwer zu treffen. Allerdings: Dank ihrer Größe ließen sich in der Studie auch differenzierte Analysen im Hinblick auf Bedingungen identifizieren, welche die höhere Produktivität von Teams wahrscheinlich machen. Dies waren: Grundlegend positive Einstellung aller Beteiligten und der Unternehmen zu altersgemischten Teams, positives Arbeitsklima, niedrigere Altersdiskriminierung im Betrieb, den Bedürfnissen der Teammitglieder ergonomisch angepasste Arbeitsplätze und ein Führungsverhalten, das die Stärken und Schwächen der Teams und ihrer Mitglieder ernstnimmt. Die Autor:innen gingen noch einen Schritt weiter und erprobten ein Trainingskonzept für altersgemischte Teams auf der Grundlage ihrer gefundenen Ergebnisse. Dabei zeigte sich, dass sich damit die Produktivität von Teams steigern ließ: das vorherrschende Arbeitsklima konnte weiter verbessert werden, altersbezogene Vorurteile ließen sich reduzieren, und Innovationen wurden begünstigt. Die Studie zeigte also eindrücklich, dass ältere Arbeitnehmer:innen ebenso wie Ältere insgesamt kein Insel-Dasein führen, sondern es auf die Gestaltung und das Zusammenwirken unterschiedlicher Kontextbedingungen ankommt, um die Potenziale von älteren Arbeitnehmer:innen bestmöglich zu nutzen. Gesellschaften mit stark alternden Belegschaften müssen letztlich an der Stärkung solcher Potenziale ein großes Interesse haben!

Studien-Highlight 36: Potenziale von Arbeitnehmer:innen in der Rundumsicht. Ich beziehe mich hier ausnahmsweise nicht direkt auf eine Originalstudie oder Meta-Analyse, sondern beziehe ergänzend eine Expertise des Heidelberger Arbeits- und Organisationspsychologen Karlheinz Sonntag (2014) im Auftrag der Arbeitgeberorganisation *Gesamtmetall* ein. Eine solche Expertise kann als eine Variante eines systematischen Review-Papiers, also eine in Auftrag gegebene Auswertung und Einschätzung zu einem bestimmten Thema, angesehen werden. Die gesamte Argumentation beruht auf vorliegender Evidenz. Dabei kam Sonntag zu folgender Gesamteinschätzung: „Die umfangreiche Aufarbeitung des aktuellen nationalen und internationalen Forschungsstandes im Rahmen dieser Expertise lässt den Schluss zu, dass die berufliche Leistungsfähigkeit, Gesundheit und Motivation der Beschäftigten eine längere Erwerbstätigkeit – auch über das 67. Lebensjahr hinaus – grundsätzlich zulassen“ (S. 4). Dafür sprechen eine Reihe grundlegender Potenziale älterer Beschäftigter, die sich auch bereits in den oben zitierten Studien abzeichneten, vor allem:

- Erfahrungswissen und Expertise
- Eigenverantwortung und Motivation für den Erhalt der Arbeitsfähigkeit
- Persönlichkeitsmerkmale (Zuverlässigkeit, Loyalität)
- Vereinbarkeit von Arbeit und Privatleben in der Regel gut gelöst und stabil

Wichtigste Erkenntnisse: Weltwissen und Expertise steigen in die zweite Lebenshälfte hinein an und bleiben dann bis ins hohe Alter recht stabil. Hinsichtlich des für die Zukunft unseres Gemeinwesens so wichtigen Bereichs der alternden Arbeitsgesellschaft gilt: Die Arbeitsmotivation geht bei älteren Arbeitnehmer:innen im Mittel keinesfalls in den Keller, die Produktivität leidet nicht, generationsgemischte Teams, dort, wo sie in förderlichen Rahmenbedingungen agieren, können Positives für Beteiligte und Unternehmen bringen. Unternehmen können durchaus Rahmenbedingungen dafür schaffen, dass sie selbst bestmöglich und dauerhaft von der auf absehbare Zeit alternden Arbeitsgesellschaft profitieren. Eine gute Zukunft unserer älter werdenden Arbeitsgesellschaft hängt keineswegs allein von der Arbeitnehmer:innen-Seite ab.

Kluges und umsichtiges Handeln einsetzen

Diese menschliche Stärke haben wir in Tabelle 2 wie folgt beschrieben:

Aus den eigenen Lebenserfahrungen Einsichten ableiten, die hohes Überzeugungspotenzial für viele besitzen.

Forschungszimmer 1: Lebensklugheit und weisheitsbezogenes Wissen und Handeln

Lebensklugheit wird häufig mit Weisheit in Verbindung gebracht. Staudinger und Baltes (1996) haben argumentiert, dass man unterschiedliche Weisheitskriterien unterscheiden sollte wie z. B. Faktenwissen, Strategiewissen, beispielsweise bezüglich Informationsbeschaffung oder Analyse der kurz- und langfristigen Konsequenzen bestimmter Entscheidungen. Ferner geht es nach diesen Autor:innen um so etwas wie Werterelativismus. Dabei ist einerseits die Anerkennung von Wertesystemen gefragt, z. B. unterschiedliche religiöse oder weltanschauliche Sichtweisen. Andererseits geht es auch um eine Perspektive der Relativität, d. h. keine Werte-Welt sollte absolut gesetzt werden. Und widersprüchliche Werte und Lebenserfahrungen müssen anerkannt werden. Wer dies besonders ausgewogen leisten kann, dürfte durchaus einen Weisheitspunkt erhalten. Eine in diesem Zusammenhang spannende Frage stellt die deutsch-amerikanische Entwicklungspsychologin Gisela Labouvie-Vief (1994), die bereits oben mit einer Studie auftrat: Könnte es sein, dass wir spät im Leben, mit all unserer Lebenserfahrung im Gepäck, mit neuen Sichtweisen auf die „Welt" und die eigene Existenz schauen und deshalb Widersprüchlichkeiten des Lebens besser zulassen können, ohne dass es uns schlecht dabei geht. Vielleicht, weil Leben eben immanent widersprüchlich ist, und wir dies spät im Leben besonders gut als gegeben erkennen?

Studien-Highlight 37: Ein Stück weiser ohne abzuheben. Die empirische Forschung zu Weisheit und zum Verlauf von weisheitsbezogenem Wissen und Handeln im Zuge des Älterwerdens kann methodisch unterschiedliche Wege gehen. Die amerikanische Psychologin Ardelt und Kolleg:innen (2018) haben in ihrer Studie einen Fragebogen eingesetzt, der drei Dimensionen von Weisheit abbilden will: (1) Ausgezeichnetes Wissen, (2) ausgezeichnete Reflexionsfähigkeit über Anforderungen des Lebens und (3) ausgezeichnete Fähigkeiten, Anteil an äußerem Geschehen und an anderen zu nehmen. Man konnte diese weisheitsbezogenen Einzelaspekte und einen Gesamtwert berücksichtigen. Die Studie bezog eine Online-Stichprobe von 14.248 Personen zwischen 18 und 98 Jahren ein. Dabei ging die Wissenskomponente (1) zwar mit dem Älterwerden zurück, nicht aber die Dimensionen (2) und (3); diese stiegen, im Gegenteil, in der zweiten Lebenshälfte deutlich an. Im Gesamt ergab sich also überwiegend Stabilität in selbstberichteten weisheitsrelevanten Leistungen. Die Entwicklungs- und Alternspsychologen Ursula Staudinger und Paul Baltes (1996) haben einen anderen Weg gewählt, um Weisheit im Lebenslauf empirisch zu erforschen: Die Bewertung von weisheitsbezogenen Leistungen gewissermaßen von außen. Sie haben dazu insgesamt 533 Studienteilnehmer:innen im Alter zwischen 20 und 80 Jahren konkrete Konfliktsituationen vorgelegt (z. B. die Situation einer minderjährigen Schwangeren und wie Eltern damit umgehen können). Die sich anschließende quantitative Auswertung verschiedener Weisheitskriterien (siehe oben) in einem zusammengefassten Wert erbrachte grundsätzlich einen ganz ähnlichen Befund wie die eben beschriebene Studie von Ardelt et al. (2018) auf der Grundlage von Selbsteinschätzungen: Weisheitsbezogene Leistungen nahmen mit dem Älterwerden nicht ab; die Korrelation mit dem Lebensalter war hier allerdings praktisch gleich null, d. h. weisheitsbezogene Leistungen nahmen rein mit dem Älterwerden nicht zu (Abbildung 8).

Abbildung 8: Weisheitsbezogene Leistungen entlang des Erwachsenenlebens (vereinfacht und neu beschriftet nach Staudinger & Baltes 1996, S. 68)

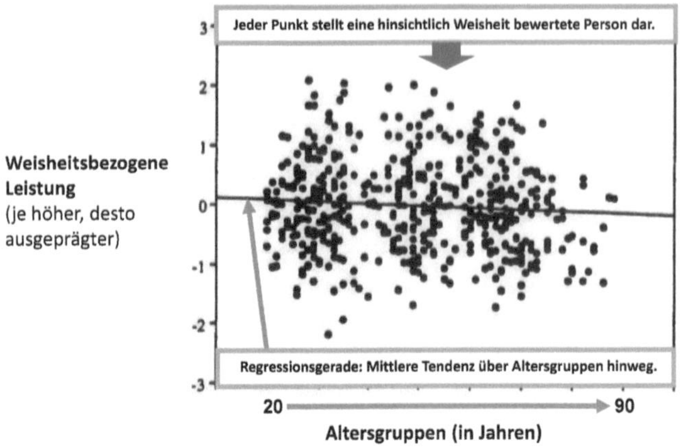

Studien-Highlight 38: Sich das Leben nicht unnötig schwermachen. Ein Highlight besonderer Art ist hier die Studie des amerikanischen Soziologen und Altersforscher Karl Pillemer, das sogenannte „Legacy Project". Pillemer (2011) hat über 1000 amerikanische Seniorinnen und Senioren nichts anderes gefragt als „Was sind die wichtigsten Lehren, die Sie aus Ihrem bisherigen Leben ziehen können?" Die Antworten konnten in offener Form gegeben werden und wurde dann hinsichtlich der in ihnen vorkommenden Themen und Erkenntnisse ausgewertet und kategorisiert. Auf diesem Wege kam ein überaus reichhaltiges Material zusammen. Man kann sicherlich nicht alles sofort auf deutsche Verhältnisse übertragen, aber mir scheint, dass vieles doch auch Ältere aus dem deutschsprachigen Raum und darüber hinaus in ähnlicher Weise äußern würden. Hier sind einige hochverdichtete „Lektionen", die sich laut Pillemer (2011) aus dem Interviewmaterial ableiten ließen:

- *Umgang mit Zeit ist die Essenz des Lebens im Alter:* Die befragten Ältere brachten in den unterschiedlichsten Arten und anhand der unterschiedlichsten Begebenheiten in ihrem Leben zum Ausdruck, dass Zeit, Zeiterleben und die Beziehung zu Zeit die Essenz des späten Lebens darstellen würde. Es geht vor allem um die tiefe Erkenntnis, dass das Leben kurz ist. Fast alle sagten, dass sie die Geschwindigkeit, in der ihr Leben abgelaufen ist, im Rückblick als atemberaubend schnell erlebt haben. Sehr alte Menschen empfanden dies in besonders deutlicher Weise. Der sorgsame Umgang mit der verbleibenden Zeit war den Älteren in der Studie überaus wichtig.
- *Glück ist eine Wahl, keine zufällige Bedingung:* Die befragten Älteren meinten in den unterschiedlichsten Arten und anhand der unterschiedlichsten

Begebenheiten in ihrem Leben, dass aus ihrer Sicht eine der besten Ratschläge an Jüngere oder andere Ältere darin bestehe, Verantwortung für das eigene Lebensglück zu übernehmen. Sie meinten damit nicht, dass man alles, was im Laufe eines Lebens geschieht, kontrollieren könne. Was man aber gestalten könne, sei die eigene Haltung und die eigenen Reaktionen auf eintretende Ereignisse. Oft stellte sich dies dar im Sinne von „Ich bin glücklich, trotz …" Man solle nicht warten, dass ideale Dinge geschähen, die einen erst glücklich machen, sondern eben Glück empfinden können „trotz allem".

- *Sich „einen Kopf" über das Älterwerden machen ist vertane Zeit:* Die befragten Älteren waren sich in den unterschiedlichsten Weisen und anhand der unterschiedlichsten Begebenheiten in ihrem Leben recht einig, dass sich Sorgen zu machen eine der größten Zeitverschwendungen spät im Leben sei. Wenn man die Dinge einschließlich des eigenen Älterwerdens nicht verändern kann, ist das sich Sorgen darüber nach Meinung der befragten Älteren unnötiger Energieverbrauch. Besser sei es, „kleinere Brötchen" zu backen und damit Erfolg zu haben, statt sich übermäßig über Mögliches, aber bislang nicht Eingetretenes zu sorgen.

Pillemer nennt die von ihm und seinem Team befragten älteren Menschen „the experts". Hier noch ein beispielhaftes Zitat für deren Lebensklugheit: „Nun, ich habe gelernt, dass, wenn es heißt, das Leben sei kurz, genau dies auch gemeint ist, und es ist wahr. Meine 68 Jahre sind sehr, sehr schnell vorbeigegangen, und es kommt mir wie gestern vor, dass ich das Gymnasium (High School) abgeschlossen habe, und das ist nun 50 Jahre her. Und ich denke, dass viele Leute nicht auf die Tatsache vorbereitet sind, dass unser Leben auf dieser Erde kaum eine Nanosekunde dauert, und das ist wirklich so." (Pillemer 2011, S. 201; Übersetzung HWW). Nun, in der zweiten Lebenshälfte etwas langsamer treten, öfter einmal innehalten, das *Carpe diem* auskosten, das scheint keine schlechte Idee zu sein.

Forschungszimmer 2: Unnötige Risiken vermeiden

Risiken im Leben einzugehen, etwa beim Autofahren, in Bezug auf unsere finanzielle Situation oder in der Freizeit etwa mit bestimmten Sportarten oder in der Spielbank – das kann durchaus hie und da große Vorteile bringen oder Vergnügen bereiten. Vielleicht bin ich ein sehr ungeduldiger Mensch und kann nicht anders als andauernd vor mir fahrende Autos zu überholen, bisweilen ziemlich gewagt. Vielleicht gehe ich mit den wenigen Ersparnissen, die ich habe, gerne ins Risiko und setze auf schwer vorhersagbare, aber sehr ertragreiche Aktiengeschäfte. Vielleicht gibt mir gewagtes Skifahren einen „Kick" wie sonst nichts im Leben. Warum darauf verzichten? Auf der anderen Seite würden viele solche überdehnten Risikobereitschaften wohl nicht gerade als menschliche Stärken bezeichnet.

Studien-Highlight 39: Vorsicht ist die Mutter der Porzellankiste. Josef et al. (2016) haben die Risikobereitschaft über eine breite Altersspanne hinweg untersucht. Sie berücksichtigten Daten aus dem uns bereits gut bekannten SOEP, und zwar Personen im Alter zwischen 18 und 85 Jahren, welche mehrere Untersuchungszeitpunkte zwischen 2004 und 2014 durchlaufen hatten. Das waren etwa 40.000 Personen, also eine sehr große und repräsentativ erhobene Stichprobe. Risikobereitschaft wurde allgemein und in Bezug auf unterschiedliche Bereiche untersucht (dazu lagen Daten von etwa 11.000 Personen vor). Dazu wurde sinngemäß erfragt, ob man sich eher als eine Person beschreibt, die hohe Risiken eingeht oder eben nicht. Es zeigte sich, dass die Risikobereitschaft mit steigendem Lebensalter deutlich zurückging – allgemein und in der Grundtendenz auch in allen einbezogenen Bereichen wie z. B. Autofahren, Umgang mit Geld oder mit Gesundheit (Abbildung 9). Frauen zeigten übrigens über *alle* Altersgruppen hinweg konsistent eine geringere Risikobereitschaft.

Abbildung 9: Risikobereitschaft entlang der Erwachsenenlebensspanne (vereinfacht und deutsch beschriftet nach Josef et al. 2016, S. 443)

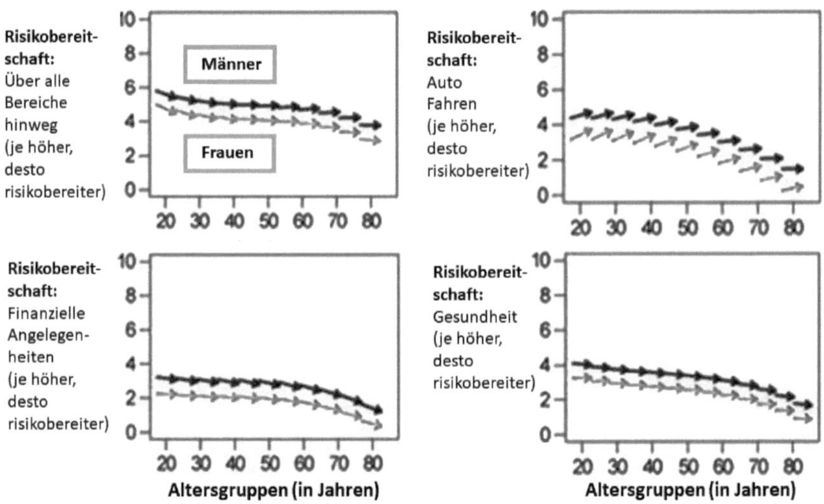

Interessanterweise konnten Mata et al. (2016) anhand einer großen Stichprobe von über 100.000 Personen auch Daten aus einer großen Anzahl von Ländern einbeziehen. Der Altersbereich begann dabei meist mit 18 Jahren und endete um das Alter von 90 Jahren. Über alle Länder hinweg fand sich dabei zwar der Alterseffekt (Rückgang in der zweiten Lebenshälfte), jedoch gab es auch deutliche Unterschiede. In Ländern wie Indien, Burkina Faso, Äthiopien, Kirgisistan und

Mali fand sich z. B. kein altersbezogener Rückgang der Risikobereitschaft. Diese gleichbleibende Risikobereitschaft war insgesamt eher in Ländern zu beobachten, die sozio-ökonomisch nicht so gut dastanden. Vielleicht kann man es sich in diesen Ländern aus Gründen des täglichen Überlebens in der zweiten Lebenshälfte nicht leisten, Risiken zu reduzieren.

Forschungszimmer 3: Herausforderungen auch mit Humor entgegentreten

Nicht selten wird auch Humor als eine gute Möglichkeit beschrieben, sich zumindest für kurze Zeit von Problemen zu befreien bzw. Distanz zu schwierigen Lebenssituationen zu finden und sich damit zu entlasten. Das sollte eigentlich über das gesamte Leben hinweg gelten. Allerdings ist Humor kein besonders beliebtes Forschungsthema, vielleicht weil es angeblich nicht so viel „Tiefgang" besitzt, nicht so „ernst" ist. Aber es gibt Studien zur Entwicklung von Humor über die Lebensspanne hinweg.

Studien-Highlight 40: Lachend älter werden. Der Schweizer Persönlichkeits- und Humorforscher Ruch und sein Team (Ruch et al. 2010) haben anhand einer sehr großen Stichprobe von fast 43000 Menschen von unter 20 Jahren bis über 70 Jahre den Altersgang von Humor untersucht. Leider werden wir, wie Ruch und Kolleg:innen gefunden haben, immer humorloser, je älter wir werden, aber spät im Leben lachen wir dann doch auch wieder mehr (Abbildung 10).

Abbildung 10: Selbstberichtetes Ausmaß an Humor von 20 bis über 70 Jahre (deutsch beschriftet nach Ruch et al. 2010, S. 14)

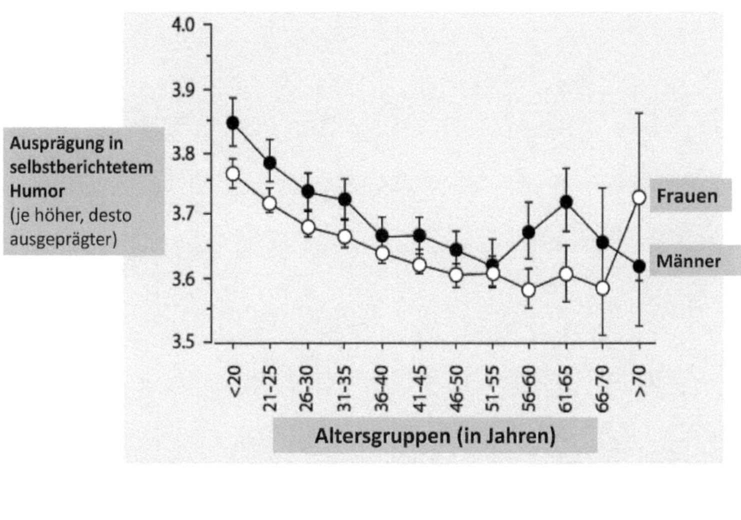

Allerdings ergab die Studie von Ruch und Kolleg:innen auch, wie in Abbildung 13 gut zu erkennen ist, dass dabei das Geschlecht eine Rolle spielt. Bei Frauen ging es in der Studie ab dem Alter von etwa 70 Jahren wieder deutlich hoch; bei den Männern ging es zwar in der letzten Phase ihres Berufslebens zwischen 50 und 60 Jahren wieder hoch, danach jedoch wieder runter. Es könnte sein, wie wir in unserer eigenen Studien auch immer wieder gefunden haben, dass Frauen zu den Widrigkeiten des Älterwerdens mehr Distanz finden, während Männer zwar in ihrer letzten Arbeitsphase mehr Abstand vom Beruf, auch durch Humor, leben, sich jedoch mit der nachberuflichen Zeit und eintretenden Einschränkungen dann wieder schwerer tun.

Wichtigste Erkenntnisse: Wissen, wie das Leben geht und kluge Lebensgestaltung zeigen kaum Rückgänge mit dem Älterwerden. Einige der entsprechenden kognitiven Leistungen wie z. B. die tiefe Anteilnahme am Geschehen in der Welt, steigen sogar bis ins hohe Alter an. Auch steigen Risikovermeidung und Humor mit zunehmendem Alter an.

5.4 Vierte Stärke der zweiten Lebenshälfte: Mut in herausfordernden Situationen

Gutes Leben heißt auch, eintretenden, eventuell unumkehrbaren, Widrigkeiten zu widerstehen. Das wird häufig mit dem Begriff der *Resilienz* beschrieben. Resilienz meint Widerstandsfähigkeit, also die Mobilisierung von unterschiedlichsten Ressourcen, um einer psychischen und/oder körperlichen Bedrohung zu widerstehen. Es liegt auf der Hand, dass das Älterwerden besondere Anforderungen an die Resilienz stellt. Fähigkeiten, auf die man über Jahrzehnte verlässlich bauen konnte, gehen in Teilen verloren, etwa ein optimal funktionierendes Gedächtnis, problemloses Sehen und Hören, sicheres Gehen auch in unwegsamem Untergrund (Staudinger & Greve 2001). Ich finde, dass man für die Auseinandersetzung mit derartigen Widrigkeiten durchaus auch den Begriff des Mutes nutzen kann. Die vielleicht auf den ersten Blick etwas abgedroschene Aussage im Titel eines Buches von Hans-Joachim Fuchsberger, dass Altern nichts für Feiglinge sei, könnte am Ende durchaus stimmen.[13]

13 Joachim Fuchsberger (2011). Altwerden ist nichts für Feiglinge. Gütersloher Verlagshaus.

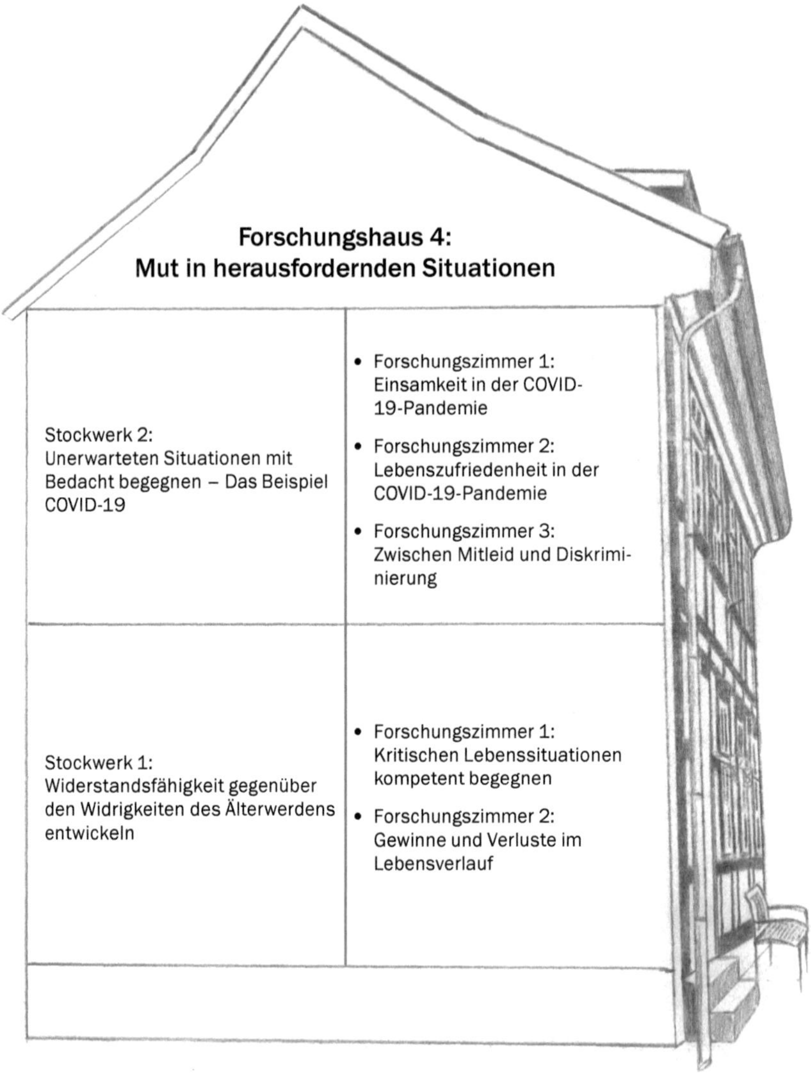
Forschungshaus 4:
Mut in herausfordernden Situationen
Stockwerk 2:
Unerwarteten Situationen mit Bedacht begegnen – Das Beispiel COVID-19
• Forschungszimmer 1: Einsamkeit in der COVID-19-Pandemie
• Forschungszimmer 2: Lebenszufriedenheit in der COVID-19-Pandemie
• Forschungszimmer 3: Zwischen Mitleid und Diskriminierung
Stockwerk 1:
Widerstandsfähigkeit gegenüber den Widrigkeiten des Älterwerdens entwickeln
• Forschungszimmer 1: Kritischen Lebenssituationen kompetent begegnen
• Forschungszimmer 2: Gewinne und Verluste im Lebensverlauf

Widerstandsfähigkeit gegenüber den Widrigkeiten des Älterwerdens entwickeln

Diese menschliche Stärke haben wir in Tabelle 2 wie folgt beschrieben:

> *Sich in krisenhaften Situationen des späten Lebens nicht unterkriegen lassen und das Beste daraus machen.*

Forschungszimmer 1: Kritischen Lebenssituationen kompetent begegnen

Die zweite Lebenshälfte könnte man vielleicht als jene Lebensphase beschreiben, in der sich kritische Lebensereignisse zunehmend häufen und verarbeitet werden wollen: Der Übergang in die nachberufliche Phase ist alles andere als trivial, die Wahrscheinlichkeit für schwere Erkrankungen ist höher als in jeder anderen Lebensphase, ebenso die Wahrscheinlichkeit, die/den Partner:in oder gar ein Kind zu verlieren, der Verlust der Selbständigkeit wird häufig wie ein über allem hängendes Damoklesschwert von Älteren und ihren Angehörigen empfunden.

Krisenhafte Lebensereignisse lassen sich wie folgt charakterisieren (Filipp & Aymanns 2018):

- Sie liegen weit außerhalb des normalen und alltäglichen Erwartungshorizonts.
- Sie werden in der Regel von intensiven Emotionen begleitet (z. B. Ängste, Gefühle der Verunsicherung, der Bedrohung).
- Sie setzen alltägliche Bewältigungsstrategien außer Kraft, d. h. man kann nicht einfach mit verfügbaren Routinen und Handlungsmustern reagieren.
- Man kann in der Regel nicht „den Kopf in den Sand stecken“, d. h. man kann sich nicht einfach entziehen oder das Ereignis ignorieren, muss sich damit auseinandersetzen.

Das Erleben krisenhafter Lebensereignisse kann von Person zu Person sehr unterschiedlich sein. Was die einen als Bedrohung erleben („Das ist schrecklich“), sehen die anderen als Herausforderung („Jetzt erst recht. Hab’ schon so vieles geschafft“). Wenn wir also auch in diesem Bereich nach allgemeinen Stärken fragen, dann sollte immer klar sein, dass es große Unterschiede im Umgang mit kritischen Lebensereignissen gibt. Setzt sich dennoch ein Trend durch?

Studien-Highlight 41: Meistens erfolgreich durch dick und dünn. In einer Meta-Analyse haben Luhmann et al. (2012) die Wirkung unterschiedlicher kritischer Lebensereignisse auf Wohlbefinden unter Einbezug aller zum damaligen Zeitpunkt existierender Studien untersucht, z. B. Geburt eines Kindes, Übergang in die nachberufliche Phase und Verwitwung. Einbezogen wurden 188 Studien mit insgesamt 65.911 Personen. Es wurden nur Studien einbezogen, die mindestens ein kritisches Lebensereignis zum Gegenstand ihrer Studie gemacht hatten. Der Altersmittelwert der Stichproben variierte naturgemäß nach der Art der Lebensereignisse. Beim Lebensereignis Verwitwung z. B. war der Altersmittelwert 55 Jahre, bei der Geburt eines Kindes 29 Jahre. Luhmann et al. fanden beispielsweise, dass nach der Geburt eines Kindes im Vergleich zur Situation vor dem Ereignis das kognitive Wohlbefinden (Zufriedenheit mit dem Leben), vor allem in Bezug auf die Beziehungszufriedenheit, etwas nach unten geht, während das affektive Wohlbefinden („Ich bin glücklich") nach oben ausschlägt. Die Erfahrung einer Verwitwung war mit den relativ höchsten negativen Wirkungen kurzfristig (etwa erste 6 Monate) im kognitiven und affektiven Wohlbefinden verbunden. Beim Übergang in die nachberufliche Phase war eine solche „Wirkung" demgegenüber keinesfalls zu beobachten. Rein statistisch gesehen dauerte es etwa 20 Monate nach dem Eintritt der Verwitwung bis das Wohlbefinden wieder das Niveau vor dem Eintritt des Verwitwungsereignisses erreichte. Mit anderen Worten: Gerade die Erfahrung von Verwitwung, die ja wegen der Lebenserwartungsunterschiede zwischen den Geschlechtern deutlich häufiger von Frauen gemacht wird, erfordert „langes Durchhalten", jedoch gelingt es den meisten Älteren im Verlauf von etwa 1 ½ bis 2 Jahren wieder, eine gewisse Anpassung und neuen Lebensmut zu finden. Der Übergang in die nachberufliche Phase scheint eher ein kritisches Lebensereignis in der zweiten Lebenshälfte zu sein, das keine hohen Wellen schlägt. Aber, wie gesagt, kleinere Gruppen von Personen tun sich durchaus schwer damit.

Forschungszimmer 2: Gewinne und Verluste im Lebensverlauf

In Forschungen zur Psychologie der Lebensspanne wird davon ausgegangen, dass es keine Zeit im Leben gibt, die ausschließlich von Gewinnen oder Verlusten bestimmt wäre. So treffen wir bereits früh im Leben Entscheidungen (als Eltern für unsere Kinder, mit unseren Kindern, dann diese selbst), die das eine ermöglichen und gleichzeitig anderes verhindern. Eine eingeschlagene Schulrichtung (z. B. klassische Gymnasialausbildung) verhindert in der Regel andere Ausbildungswege (z. B. Waldorfschule). Entscheidungen für das Erlernen bestimmter Sprachen in der Schule gehen häufig damit einher, dass eben andere nie mehr im Leben erlernt werden. Die Entscheidung für einen bestimmten Berufsweg schließt zumindest in unserer derzeitigen Arbeitswelt mit hoher Wahrscheinlichkeit andere Berufswege und Berufserfahrungen für den Rest des Lebens aus. Man könnte auch sagen: Mit den notwendigen Entscheidungen im Laufe unseres Lebens (siehe auch nochmals weiter oben: Selektivität) lassen wir ein Universum an nicht gelebten Möglichkeiten hinter uns.

Studien-Highlight 42: Leben auch als Gewinn bis zum Lebensende. Nicht selten gilt auch in der Wissenschaft: „Nur wer suchet, der findet". Wenn wir in Studien mit älteren Menschen Fragebögen vorgeben, die keine Gelegenheit geben, auch über positive Erfahrungen im Zuge des Älterwerdens zu berichten, dann kann man schnell zu der Einschätzung gelangen, dass im sehr hohen Alter die negativen Ereignisse und Verluste das Erleben dominieren. Das erschien lange Zeit so selbstverständlich, dass man dieses Diktum gar nicht erst hinterfragte. Verluste müssen einfach mit dem Älterwerden ansteigen. Das muss man nicht empirisch prüfen. Was aber ist, wenn wir Menschen dennoch einmal sehr dezidiert und differenziert nach positiven Erfahrungen fragen von früh bis sehr spät in ihrer Lebensspanne? Das haben wir kürzlich anhand einer Stichprobe im Rahmen der uns bereits geläufigen SOEP-Studie, dem sogenannten SOEP-Innovations-Sample 2018 (SOEP-IS 2018), untersucht (Kaspar et al. 2023). Es stand uns dafür eine relativ große Stichprobe von 1.612 Personen im Alter zwischen 16 und 93 Jahren zur Verfügung. Eingesetzt haben wir einen kurzen Fragebogen mit fünf gewinn- und fünf verlustorientierten Aussagen. Es war uns sehr wichtig, dass wir ein ausgewogenes Fragen-Set in Richtung Gewinne und Verluste einsetzten. Vielleicht mögen Sie selbst einmal die Aussagen unseres Fragebogens beantworten? Dann gerne jetzt anhand von Tabelle 4a.

Tabelle 4a: Fragebogen zum Erleben alternsbezogener Veränderungen – Gewinne und Verluste (deutsche Version auf der Grundlage von Kaspar et al. 2023)

	Mit meinem zunehmenden Alter bemerke ich, dass …	Gar nicht 1	Ein wenig 2	Mäßig 3	Stark 4	Sehr stark 5	Gewinn/ Verlust
1	… ich Beziehungen und andere Menschen wesentlich mehr schätze	0	0	0	0	0	Gewinn
2	… meine geistige Leistungsfähigkeit abnimmt.	0	0	0	0	0	Verlust
3	… ich meiner Gesundheit mehr Aufmerksamkeit widme.	0	0	0	0	0	Gewinn
4	… ich meine Aktivitäten einschränken muss.	0	0	0	0	0	Verlust

	Mit <u>meinem</u> zunehmenden Alter bemerke ich, dass …	Gar nicht 1	Ein wenig 2	Mäßig 3	Stark 4	Sehr stark 5	Gewinn/ Verlust
5	… ich mehr Erfahrung und Wissen habe, um Dinge und Menschen einzuschätzen.	0	0	0	0	0	**Gewinn**
6	… ich weniger Energie habe.	0	0	0	0	0	**Verlust**
7	… ich ein besseres Gespür dafür habe, was mir wichtig ist.	0	0	0	0	0	**Gewinn**
8	… ich mich mehr von der Hilfe anderer abhängig fühle.	0	0	0	0	0	**Verlust**
9	… ich mehr Freiheit habe, meine Tage so zu verleben, wie ich will.	0	0	0	0	0	**Gewinn**
10	… es mir schwerer fällt, mich zu motivieren.	0	0	0	0	0	**Verlust**

Summieren Sie nun jeweils Ihre Werte für Gewinn und Verlust auf, berechnen Sie den Mittelwert für beide Skalen und tragen Sie diese hier ein:

Mittelwert Gewinne: ________________

Mittelwert Verluste: ________________

In Tabelle 4b sind die Werte aus unserer Stichprobe zum Vergleich für Sie nach Altersbereichen wiedergegeben. Wo stehen Sie?

Tabelle 4b: Mittelwerte (gerundet) aus unserer Stichprobe zum Vergleich nach Altersgruppen

16–39 Jahre		40–69 Jahre		70 Jahre und älter	
Gewinne	Verluste	Gewinne	Verluste	Gewinne	Verluste
3,1	1,5	3,3	2,0	3,5	2,6

Wie in Abbildung 11 gut zu erkennen, ging im Laufe des Lebens in unserer Studie das Erleben von Verlusten nach oben (dunkler Bereich). Das Erleben von Gewinnen (heller Bereich) blieb allerdings relativ stabil, zeigte gar noch einen kleinen Anstieg sehr spät im Leben. Nun mag man sagen, dass dies alles bequeme Illusionen sind, die nichts mit der harten Realität des „körperlichen Verfalls“ zu tun hätten. Meine Antwort: Es wurden Menschen nach dem besten Stand der heutigen Methodik von Survey-Forschung befragt. Das waren die Antworten, die dabei von einer großen Gruppe von Menschen gegeben wurden. Man könnte auch sagen: Im Erleben der meisten Menschen in der zweiten Lebenshälfte spiegeln sich die zunehmend eintretenden objektiven Verluste tatsächlich auch in den *erlebten* Verlusten wider, nicht aber in den erlebten Gewinnen. Für mich kommt darin eine durchaus hohe Widerstandskraft (Resilienz) der zweiten Lebenshälfte gegenüber den objektiven Widrigkeiten des Älterwerdens zum Ausdruck. Nun könnte man fragen: Kann man wirklich denselben Fragebogen zu Gewinnen und Verlusten bei einer solch großen Altersspanne einsetzen. Gewinne und Verluste bedeuten doch ganz Verschiedenes für junge, mittelalte und alte Menschen. Das ist ein guter und wichtiger Punkt. Wir haben dies mit viel statistischem Aufwand geprüft. Diese Analysen haben uns insgesamt zu der Einschätzung gebracht, dass der Fragebogen relativ fehlerfrei bei älteren und jüngeren Menschen eingesetzt werden kann, auch wenn die Gewinne und Verluste selbst sich über die Lebensspanne hinweg gravierend verändern.

Abbildung 11: Erlebte Gewinne und Verluste zwischen 16 und 93 Jahren (deutsch beschriftet nach Kaspar et al. 2023)

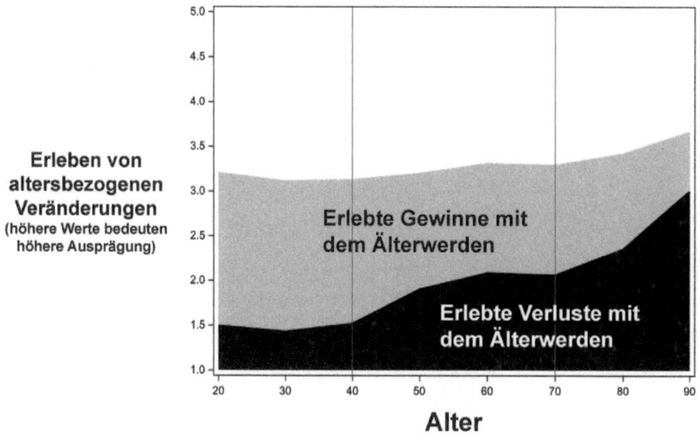

Studien-Highlight 43: Selbst schwere Verluste ein Stück gestalten. Wir hatten uns in unseren Studien immer wieder auf psychische Anpassungsprozesse im Zuge der Erfahrung von schweren Seh- und Höreinschränkungen im Alter bezogen, denn 90 % dieser Einschränkungen treten nach dem 60. Lebensjahr auf. In der Studie von Heyl und Wahl (2012) fanden wir auf der Grundlage von 121 Älteren mit schweren Sehbeeinträchtigungen, 116 mit schweren Hörbeeinträchtigungen und einer Vergleichsgruppe von 150 sensorisch unbeeinträchtigten Personen (Gesamt im Mittel 82 Jahre alt; keine Altersunterschiede zwischen den Gruppen), dass bei den sensorisch Beeinträchtigten kognitive Ressourcen und Alltagskompetenz in deutlich stärkerem Maß zusammenhingen als bei den sensorisch Unbeeinträchtigten. Daraus schlossen wir, dass ältere Menschen mit schweren funktionalen Beeinträchtigungen durchaus in der Lage sind, ihnen zur Verfügung stehende, stützende Ressourcen vermehrt zu nutzen. Allerdings sollte dies dann auch in der Rehabilitation durch kognitive Trainings unterstützt werden, was leider noch selten geschieht. Viele der in der zweiten Lebenshälfte eintretenden Funktionseinbußen werden ziemlich erfolgreich bewältigt. Dabei kommt ein ganzer „Werkzeugkasten" zum Einsatz, nicht nur eine einzige Strategie: Weiter zur Verfügung stehende Ressourcen werden vermehrt genutzt, Verhalten und Ziele werden sinnvoll angepasst, psychische Widerstandskraft („Ich fühle mich trotzdem gesund") kommt zum Zuge. Altern erfordert Mut!

Studien-Highlight 44: Ich fühle mich jünger als ich bin. In einer Meta-Analyse zu subjektivem Alterserleben haben Pinquart und Wahl (2021) alle existierenden Studien zum Thema, die bis September 2020 erschienen waren, zusammengeführt. Am Ende waren es 294 Studien aus insgesamt 148 Ländern mit zusammengenommen 1.579.432 Studienteilnehmern im Alter zwischen 8 und 105 Jahren. All diese vielen Personen hatten in den Studien neben anderen Merkmalen eine Antwort auf die folgende Frage gegeben: „Viele Menschen fühlen sich älter oder jünger als sie tatsächlich sind. Wie alt fühlen Sie sich die meiste Zeit?" [bitte in Jahren angeben]. Wie in Abbildung 12 dargestellt, ergab sich dabei ein interessanter Trend: Früh im Leben, vor allem in der Jugendzeit bis etwa zum Alter von 25 Jahren, fühlen wir uns jünger. Danach schlägt das Pendel um und die meisten von uns fühlen sich für den Rest des Lebens jünger als sie tatsächlich sind. In Zahlen kann man sagen, dass sich die über 60-Jährigen in unserer Studie zwischen 13 % und 18 % jünger fühlten. Es scheint uns also in der zweiten Lebenshälfte gut zu gelingen, uns gewissermaßen subjektiv in einen „Jungbrunnen" einzutauchen und damit von den Widrigkeiten des Älterwerdens Abstand zu gewinnen. Aber nicht nur das: Subjektives Alter hilft uns sogar, Widrigkeiten des späten Lebens zu vermeiden, denn viele Studien haben mittlerweile gezeigt, dass Menschen in der zweiten Lebenshälfte, die sich jünger fühlen, auch über längere Zeiträume betrachtet gesundheitlich besser dastehen. Wenn wir uns jünger fühlen, sind wir aktiver, pflegen mehr Sozialkontakte, bewegen uns mehr, und glauben auch mehr an unsere eigenen Kompetenzen. Wir unterstützen sogar unsere Physiologie, denn in Untersuchungen zeigten Personen, die sich jünger fühlten und allgemein ihrem Alter positiver gegenüberstanden, weniger physiologische Stressanzeichen, einen besseren Immunstatus und geringere Entzündungswerte (Westerhof et al. 2023).

Abbildung 12: Subjektives Alter zwischen 8 und 105 Jahren (deutsch beschriftet nach Pinquart & Wahl 2021, S. 401)

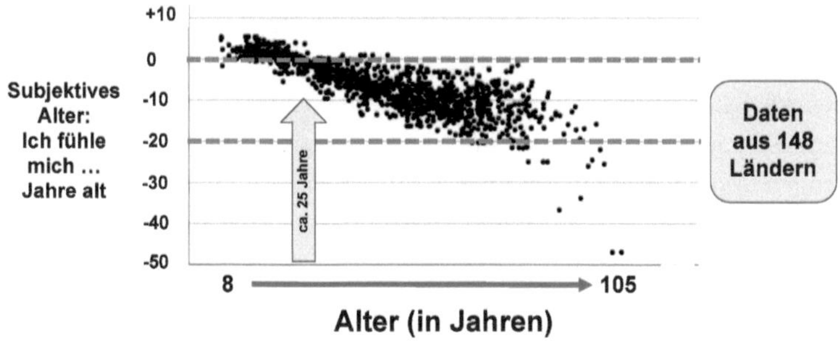

Wichtigste Erkenntnisse: Es wäre Unsinn und wohl auch sarkastisch zu behaupten, gerade das sehr späte Leben wäre ein Zuckerschlecken. Es treten mit der höchsten Wahrscheinlichkeit im Vergleich zu früheren Lebensphasen kritische Lebenssituationen ein, die zu den schlimmsten überhaupt gehören, wie z. B. die Erfahrung der Verwitwung. Aber es existieren auch vielfältige Ressourcen, mit diesen Anforderungen „mutig" umzugehen, und das Beste daraus zu machen. Das kann allerdings durchaus längere Zeit dauern – wer würde etwas anderes erwarten? Dezidiertes und differenziertes Fragen nach erlebten Gewinnen und Verlusten zeigt, dass das Gewinnerleben bis weit ins hohe Alter hinein die Oberhand behält; auch wenn gleichzeitig das Verlusterleben ansteigt. Bei alledem fühlen wir uns fast alle über die gesamte zweite Lebenshälfte hindurch jünger.

Unerwarteten Situationen mit Bedacht begegnen – Das Beispiel COVID-19

Diese menschliche Stärke haben wir in Tabelle 2 wie folgt beschrieben:

In unerwarteten Krisensituationen und Bedrohungslagen auf die eigene Lebenserfahrung bauen und diese aktiv einsetzen.

Forschungszimmer 1: Einsamkeit in der COVID-19-Pandemie

Forschung zu Resilienz war lange Zeit nur am Schicksal von Kindern und Jugendlichen interessiert, die trotz schwerster körperlicher und psychischer Belastungserfahrungen früh in ihrem Leben einen erfolgreichen Lebensweg einschlagen konnten. Allerdings, auch wenn unser Leben eigentlich gut verlaufen ist, können wir uns der „Übermacht" an Verlusten spät im Leben erwehren? Vielleicht ist es aber auch anders herum: Sind Ältere mit all ihren Lebenserfahrungen vielleicht gar nicht so schlecht gerüstet, den unzweifelhaft mit zunehmendem Alter anwachsenden Verlusten etwas entgegenzusetzen? Und können dadurch auch noch mit 80 oder 90 Jahren ihr Leben genießen und wertschätzen? Derartige Fragen müssen konkret gemacht und an markierenden Beispielthemen untersucht werden: Wie wäre es mit einer der gravierendsten Erfahrungen von uns allen in den zurückliegenden Jahren – der COVID-19-Pandemie? Aber auch dem Umgang mit Partnerverlust und der Auseinandersetzung mit schwerwiegenden Erkrankungen und funktionalen Beeinträchtigungen?

Politische und individuelle Maßnahmen zur Eindämmung des COVID-19-Virus sowie zum Schutz vor eigener Ansteckung haben in Deutschland Menschen vor die erhebliche Herausforderung gestellt, ihr Alltagsleben, die Pflege ihrer sozialen Beziehungen sowie ihre Freizeit neu zu gestalten. Daher ist die Corona-Pandemie keineswegs nur ein Forschungsfeld der Virologie und Epidemiologie gewesen, sondern auch der Psychologie und der Sozialwissenschaften. Die negativen psychosozialen (und nicht nur gesundheitsbezogenen) Auswirkungen der Pandemie könnten bei älteren Menschen, die in der Zeit der Pandemie häufig als die verletzlichste Gruppe unserer Gesellschaft bezeichnet wurden, besonders gravierend ausgefallen sein, etwa in Gestalt einer erhöhten Einsamkeit. Was sagen vorliegende Daten?

Studien-Highlight 45: COVID-19 hat alle einsamer gemacht – nicht nur die Älteren. Im Rahmen des DEAS haben Huxhold und Tesch-Römer (2021) anhand einer Datenerhebung im Juni/Juli 2020 (also etwa drei Monate nach Beginn der COVID-19-Pandemie) bei 4.823 Personen in Privathaushalten lebenden Menschen zwischen 46 und 90 Jahren erfragt, wie einsam sie sich fühlten. Das Gute an dieser Studie: Es lagen entsprechende Daten auch aus der Zeit vor der Pandemie von den Befragten vor. Gefunden wurde, dass das Einsamkeitsempfinden in den Monaten nach dem Ausbruch der Pandemie deutlich höher als in den Befragungsjahren 2014 und 2017 lag, im Mittel bei rund 14 % (in früheren Jahren unter 7 %). Aber: Das höhere Einsamkeitsempfinden betraf unterschiedliche Bevölkerungsgruppen etwa gleich stark: Egal ob Frauen oder Männer, Menschen mit hoher oder niedriger Bildung und egal ob mittleres oder hohes Erwachsenenalter, in der Pandemie waren die Einsamkeitsraten in *allen* diesen Gruppen in etwa gleichem Maße erhöht.

Forschungszimmer 2: Lebenszufriedenheit in der COVID-19-Pandemie

Ähnlich wie Einsamkeit ist auch Lebenszufriedenheit ein bedeutsamer Endpunkt für die COVID-19-Pandemie gewesen. Was sagen uns diese Daten?

Studien-Highlight 46: Ältere haben insgesamt COVID-19 psychisch besser überstanden. In unserer Studie Schlomann et al. (2022) in Zusammenarbeit mit dem Wissenschaftszentrum Berlin wurden über 3.000 Personen im Alter von 40 bis 79 Jahren hinsichtlich ihrer Lebenszufriedenheit und der Zufriedenheit mit sozialen Kontakten online mehrmals befragt, vom ersten Höhepunkt der Pandemie im März 2020 bis zum August 2020, in dem sich eine erste Entwarnung abzeichnete, der allerdings, wie wir heute wissen, weitere schwerwiegende Ausbrüche der Pandemie folgten. Zum Ersten zeigte sich, dass die Älteren im Mittel in allen Werten höher lagen (rechter Teil, Abbildung 13) als die Jüngeren (linker Teil, Abbildung 13). Zum Zweiten war vor allem die Zufriedenheit mit Sozialkontakten bei den Jüngeren nach Ausbruch der Pandemie deutlich niedriger, und sie lag auch im August 2020 noch klar unter dem Niveau der Älteren, auch wenn sich zu diesem Zeitpunkt in allen einbezogenen Indikatoren bei beiden Altersgruppen ein gewisser Erholungseffekt (Anstieg) beobachten ließ.

Abbildung 13: Zufriedenheit in unterschiedlichen Bereichen in der ersten COVID-19-Pandemiephase im mittleren und höheren Alter (aus Schlomann et al. 2022, S. 1081, vereinfacht und deutsch beschriftet)

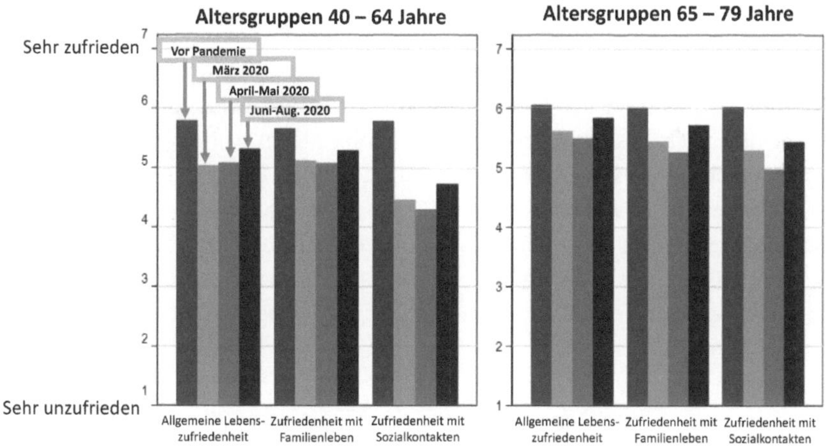

Studien-Highlight 47: In der stationären Langzeitpflege war bei COVID-19 alles anders. Vor allem in der ersten Ausbruchsphase haben Ältere in Langzeitpflege wahrscheinlich weltweit die negativsten bis schrecklichsten Folgen erdulden müssen. Gesellschaften waren erschreckend unvorbereitet, um diese in der Regel sehr kranken und sehr alten Menschen zu schützen. Gegenmaßnahmen jenseits des direkten Infektionsschutzes (die viel zu spät kamen), etwa in Gestalt kreativer Lösungen zum Erhalt ihrer sozialen Kontakte mittels digitaler Kommunikationsmittel, kamen viel zu spät und viel zu unsystematisch. In einem Review-Papier konnten Benzinger et al. (2023) anhand von 62 bis Ende 2020 vorliegenden Studien die negativen psychosozialen Folgen der Pandemie bei älteren Menschen in stationärer Langzeitpflege weitgehend bestätigen. So zeigte sich bei diesen vor allem ein Anstieg an Depression und Hilflosigkeit in sehr deutlicher Weise.

Forschungszimmer 3: Zwischen Mitleid und Diskriminierung

Mit Sicherheit gab es vor allem zu Anfang der Pandemie viele negative Äußerungen gegenüber älteren Menschen, etwa: „Warum müssen wir uns wegen der Älteren einschränken?“ oder „Die haben doch ohnehin nur noch eine begrenzte Lebenserwartung.“

Studien-Highlight 48: Altersdiskriminierung in der COVID-19 Pandemie relativ folgenlos. In unserer Studie Wahl et al. (2022) wurden seit 2012 Erwachsene ab 40 Jahren hinsichtlich ihrer Einstellungen zum eigenen Älterwerden befragt. Mit diesen Personen führten wir im Juli bis September 2020 eine weitere Befragung durch. Anhand der früheren Messzeitpunkte konnten wir eine Vorhersage treffen, wie sich das Alterserleben der Personen ohne den Eintritt der Pandemie wahrscheinlich entwickelt hätte. Diese Vorhersage verglichen wir dann mit den tatsächlich nach Ausbruch der Pandemie beobachteten Werten. Was wir fanden war, dass sich insgesamt keine bedeutsam negativen Effekte der Pandemie auf das Alterserleben nachweisen ließen. Das passt dazu, dass im DEAS bei einer Befragung von 4.823 Personen zwischen 46 und 90 Jahren im Sommer 2020 nur 5,4 % der Menschen in der zweiten Lebenshälfte, also nur etwa jede 20. Person, angaben, seit Beginn der Corona-Krise aufgrund des eigenen Alters benachteiligt worden zu sein.

Wichtigste Erkenntnisse: Ältere haben insgesamt erfolgreich ihr Leben so reguliert, dass sie psychosozial relativ unbeschadet durch die Pandemie gekommen sind. Sie waren auch nicht einsamer als Jüngere in Folge der Pandemie. Vor allem ältere Menschen in Langzeitpflege konnten allerdings eine solche Widerstandskraft nicht entfalten.

5.5 Fünfte Stärke der zweiten Lebenshälfte: Gerechtigkeit, gutes Urteilen und Interessensausgleich

Gerechtigkeit gehört zu den essenziellen Motiven menschlichen Handelns sowie des Bewertens eigener und fremder Verhaltensweisen. Empörung etwa nach einer himmelschreienden Ungerechtigkeit – das erwarten wir doch von uns selbst und anderen, das ist eine fast selbstverständliche menschliche Stärke. Dass damit auch ein langanhaltendes Bedürfnis nach Ausgleich, Wiedergutmachung, bisweilen sogar Rache, verbunden sein kann, haben viele von uns wohl auch schon erlebt. Kleists *Michael Kohlhaas* lässt grüßen. So ist die menschliche Stärke der Gerechtigkeitswahrung nicht unumstritten (Sen 2020). Zudem ist vor allem in den Wirtschaftswissenschaften das Menschenbild des *homo eoconomicus* weitverbreitet, d. h. eine Sicht, die davon ausgeht, dass wir alle vor allem unsere Handlungen und Entscheidungen nach der Maximierung des eigenen Nutzens ausrichten. Wir sind also bei menschlichen Stärken immer auch aufgefordert, uns selbst und unser Menschenbild zu hinterfragen bzw. neu zu positionieren.

Forschungshaus 5:
Gerechtigkeit, gutes Urteilen und Interessensausgleich
Stockwerk 2:
Positivität, Nachgiebigkeit und Frieden anstreben
• Forschungszimmer 1: Positivitätseffekt im Verhalten und im Gehirn
• Forschungszimmer 2: Nachgeben und Vergeben
• Forschungszimmer 3: Wir brauchen Frieden
Stockwerk 1:
Gerechtigkeitsempfinden und wohlüberlegt ein Urteil anbieten
• Forschungszimmer 1: Sensibel für Ungerechtigkeit
• Forschungszimmer 2: Moralentwicklung über die Lebensspanne

Gerechtigkeitsempfinden und wohlüberlegt ein Urteil anbieten

Diese menschliche Stärke haben wir in Tabelle 2 wie folgt beschrieben:

Ungerechtigkeit wahrnehmen, sich gegenüber anderen möglichst gerecht und ausgewogen verhalten und danach streben, ethisch-moralischen Standards zu genügen.

Forschungszimmer 1: Sensibel für Ungerechtigkeit

Die psychologische Gerechtigkeitsforschung ist vor allem von den deutschen Psychologen Leo Montada und Manfred Schmitt und ihren Forschungspartnern geprägt worden. Sie haben Gerechtigkeit bereits früh zu einem produktiven psychologischen Forschungsprogramm ausgestaltet, nicht zuletzt auch im Kontext der deutschen Wiedervereinigung (Schmitt & Montada 1999). Schmitt und Kolleg:innen haben sich dabei sehr darum bemüht, Fragebögen zur validen Erfassung von Gerechtigkeitsempfinden zu entwickeln und dabei wurden immer wieder auch Stichproben untersucht, die das gesamte Erwachsenenalter repräsentierten.

Studien-Highlight 49: Glaube an eine gerechte Welt. In einer Studie von Schmitt et al. (2008) wurde der Glaube an eine gerechte Welt untersucht. Hier ging es um Aussagen wie „Ich finde, dass es auf der Welt im Allgemeinen gerecht zugeht." oder „Ich bin überzeugt, dass irgendwann jede/r für erlittene Ungerechtigkeit entschädigt wird." Einbezogen wurde eine große Stichprobe von 4686 Personen im Alter zwischen 18 bis über 65 Jahren. Wie Abbildung 14 zeigt, stieg der Glaube an eine gerechte Welt mit dem Lebensalter etwas an. Es könnte sein, dass Ältere einfach weniger Ungerechtigkeit beobachten bzw. dieser begegnen, etwa weil sie nicht mehr im Berufsleben stehen, und deshalb in ihrem Gerechte-Welt-Glauben höher „scoren". Vielleicht führt aber auch die größere Lebenserfahrung dazu zu glauben, dass es am Ende auf der Welt doch gerecht zugeht bzw. auf ein gerechtes Miteinander ankommt.

Abbildung 14: Ausprägung des Glaubens an eine gerechte Welt im Laufe des Erwachsenenalters (aus Schmitt et al. 2008, S. 160, vereinfacht und neu beschriftet)

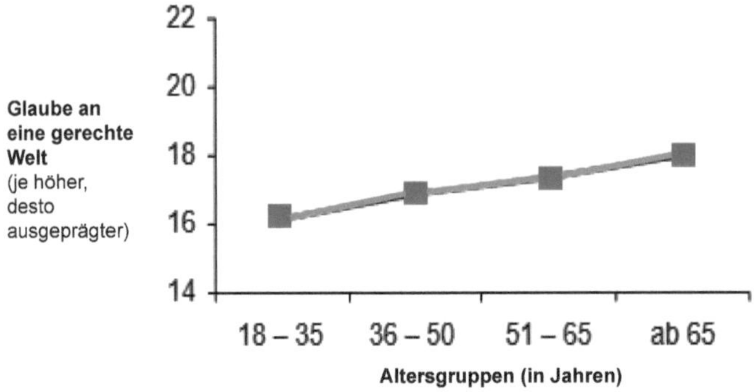

Studien-Highlight 50: Sensibel für Ungerechtigkeit. In einer Studie von Beierlein et al. (2012) wurde die Sensibilität für erfahrene Ungerechtigkeit in einer Stichprobe von 1134 Menschen ab einem Alter von 18 Jahre mit Hilfe eines Fragebogens erhoben. Eine Grundüberlegung der Studie war, dass sich Menschen in ihrer Sensibilität für ungerechte Behandlung unterscheiden, z. B. auch Menschen unterschiedlichen Alters. Es ergaben sich dabei allerdings wenig Altersunterschiede, d. h. die Sensibilität für Ungerechtigkeit blieb über die Erwachsenenlebensspanne hinweg stabil. In Bezug auf den Bereich der sogenannten Opfersensibilität (gemeint ist hier die Sensibilität dafür, selbst zum Opfer von Ungerechtigkeit zu werden) war es allerdings so, dass dieser mit dem Älterwerden etwas zurückging.

Forschungszimmer 2: Moralentwicklung über die Lebensspanne

Hier kommen die Arbeiten des amerikanischen Entwicklungspsychologen Lawrence Kohlberg zum Zuge, der zu den Pionieren der Erforschung der Entwicklung moralischer Urteile gehört. Kohlberg (z. B. 1996) hat in seinen Forschungen unterschiedliche Stufen moralischen Urteilens beschrieben. Auf der untersten Stufe, entwicklungspsychologisch gesehen in der frühen Kindheit zu beobachten, richtet sich Verhalten primär nach Gehorsam und Strafe aus. Man verhält sich so, dass Strafe möglichst vermieden wird. Auf der deutlich höheren fünften Stufe werden moralische Normen aktiv hinterfragt; sie werden nur akzeptiert, wenn sie gut begründet sind. Auf der höchsten von Kohlberg so gesehenen Stufe wird auf universale ethische Prinzipien Bezug genommen. Kohlberg ging davon aus, dass diese Stufe nur von wenigen erreicht wird. Kohlbergs Ansatz, den wir hier nur sehr verkürzt wiedergeben können, ist umstritten geblieben. Zudem ist Kohlberg selbst kaum auf die Frage eingegangen, wie sich eventuell moralische

Urteilsfähigkeit im Laufe des Erwachsenenalters verändern kann. Aber das ist natürlich in unserem Zusammenhang eine sehr spannende Frage.

Studien-Highlight 51: In moralischen Dingen konsequenter. Es sei gleich gesagt, dass wir hier keine größeren Studien präsentieren können. Denn derartige Studien sind aufwändig, vor allem deshalb, weil man die „Reife" hinsichtlich moralischer Urteile nur anhand anspruchsvoller und aufwändiger Auswertungen von gegebenen Begründungen usw. abschätzen kann. Die Studie von Armon und Dawson (1997) startete 1977 mit 50 Personen im Alter von 5 bis 72 Jahren. Danach wurden die Studienteilnehmer:innen noch vier weitere Male interviewt, bis zum Jahr 1990. Immerhin durchliefen 33 Personen alle Messzeitpunkte bis 1990, d. h. sie waren etwa über einen Zeitraum von 13 Jahren hinweg in der Studie. Eingesetzt wurde ein auf den Arbeiten Kohlbergs basierendes Erhebungsinstrument. Die Autor:innen fanden über die gesamte einbezogene Altersspanne hinweg einen Anstieg in der Ausgereiftheit moralischen Urteilens. Jenseits von etwa 50 bis 60 Jahren wurde dann allerdings weitgehend Stabilität beobachtet.

Wichtigste Erkenntnisse: Ungerechtigkeitsempfinden nimmt im Laufe des Lebens nicht ab, mit Ausnahme eines leichten Rückgangs in der Opfersensibilität, also in der Sensibilität dafür, selbst zum Opfer von Ungerechtigkeit geworden zu sein. Der Glaube an eine gerechte Welt nimmt über die Lebensspanne hinweg etwas zu. Auch die Reife und Vielschichtigkeit unserer moralischen Urteile steigt vor allem in der ersten Hälfte des Lebens an und bleibt dann eher stabil.

Positivität, Nachgiebigkeit und Frieden anstreben

Diese menschliche Stärke haben wir in Tabelle 2 wie folgt beschrieben:

Das Gute und Positive suchen und erkennen – nachgeben und vergeben können.

Forschungszimmer 1: Positivitätseffekt im Verhalten und im Gehirn

Wir sind spät im Leben besonders gut darin, so argumentierte die amerikanische Psychologin Laura Carstensen, unsere alltägliche Lebenswelt stabil und mit einem positiven Timbre zu erhalten. Der von ihr in die Forschungsliteratur eingebrachte sogenannte *Positivitätseffekt* des Alterns geht davon aus, dass ältere Menschen gewissermaßen alles dafür tun, dass ihnen ein hohes Wohlbefinden und eine gute Stimmung möglichst selten verloren gehen. Mit anderen Worten:

Es scheint so zu sein, dass ältere Menschen am liebsten überall das Positive im Leben und in anderen Menschen sehen (Carstensen 2006). Die Erklärung, so Carstensen, liegt vor allem darin, dass mit zunehmendem Älterwerden unsere Zukunftsperspektive immer kürzer wird. Erleben wir, dass wir subjektiv nur mehr eine begrenzte Zeit im Leben übrig haben, steigt die Motivation, möglichst viel positive Erfahrungen zu machen. Demgegenüber konnte der Positivitätseffekt bei jüngeren Menschen eher nicht gefunden werden, es sei denn, diese sahen sich einer Lebenssituation gegenüber, die ihre Zukunftssicht verengte. Das konnte z. B. der Fall sein, wenn bereits früh im Leben eine schwere Krankheit eintrat oder ein belastendes Ereignis mit ungewissem Ausgang (z. B. ein Umzug) bevorstand. Das mag alles schon spannend sein, aber da ist noch mehr Interessantes zu berichten.

Studien-Highlight 52: Mein Gehirn blinkt positiv. Neurobiologische Studien suchten den Positivitätseffekt des Alterns auch mit bildgebenden Verfahren dingfest zu machen. Hierbei spielte eine Rolle, dass unsere Großhirnrinde zwar eine zentrale Aufgabe in kognitiven Verarbeitungsprozessen spielt (und entsprechende Abbauerscheinungen mit zunehmendem Alter zeigt), aber eben viel weniger für die Verarbeitung von Emotionen. Ein Hirnbereich mit großer Bedeutung für emotionale Verarbeitung ist hingegen die *Amygdala*, ein ziemlich kleines, aber feines Geflecht von Kernen (Abbildung 15, linke Seite), das hochsensibel für die Detektion von Gefühlen, Bedrohungen und Ängsten ist, die gewünschte Handlungsziele verhindern bzw. deren Erreichung unterbrechen könnten. Das Spannende an der Amygdala besteht nun auch darin, dass sich hier keine oder kaum altersabhängige Veränderungen finden. Die Amygdala scheint ziemlich „altersresilient“ zu sein. Noch spannender wird es, wenn man die vorliegenden neurobiologischen Effekte dazu betrachtet, wie die Amygdala bei Älteren und Jüngeren auf negative und positive Stimuli reagiert. In der Studie von Mather et al. (2004) wurden 17 jüngere Personen (18 bis 29 Jahre) und 17 Ältere (70 bis 90 Jahre) in einem Laborexperiment mit positiven, negativen und neutralen Reizen konfrontiert. Dabei wurde parallel die Aktivierung der Amygdala mit Hilfe einer Magnetresonanz-Bildgebung aufgezeichnet. Es wurde gefunden, dass bei Älteren die Unterdrückung von negativen Affektsignalen viel stärker „ansprang“ als bei Jüngeren (Abbildung 15, rechte Seite). Gleichzeitig war die Aktivierungsreaktion in Bezug auf positive Signale bei Älteren deutlich stärker als bei Jüngeren (siehe auch Mather 2016). Selbst neutrale Reize lösten bei Älteren stärkere Aktivierung aus als bei Jüngeren. In der zweiten Lebenshälfte scheinen wir eher dazu zu neigen, möglichst in allem, was uns begegnet, etwas Positives zu sehen.

Abbildung 15: Schnitt durch das Gehirn mit Amygdala und Ergebnissen der Studie von Mather et al. (2004; deutsch beschriftet und vereinfacht nach Mather 2016, linke Seite der Abbildung; nach Mather et al. 2004, S. 260, rechte Seite der Abbildung)

Forschungszimmer 2: Nachgeben und Vergeben

Nachgeben und vergeben können sind für viele wichtige Ausdrucksformen von menschlichen Stärken. Sie werden auch in der Positiven Psychologie als erstrebenswerte Verhaltensweisen hervorgehoben (Seligman et al., 2005). Glücklicherweise existiert heute auch dazu empirische Forschung mit einer Lebensverlaufsperspektive.

Studien-Highlight 53: Gehirnausschläge bei Mildtätigkeit. In der Studie von Hubbard et al. (2016) wurden 80 Personen zwischen 18 und 67 Jahren unterschiedlichen Datenerhebungsmethoden unterzogen. Dies waren zum einen Fragebögen, etwa zu den uns schon bekannten Konstrukten der Verträglichkeit und der Empathie (siehe oben). Zum anderen wurden unterschiedliche Entscheidungen in Bezug auf mildtätiges finanzielles Verhalten in einem „Scanner" untersucht, d.h. es wurde gleichzeitig die Gehirnaktivität abgebildet. Man konnte also die tatsächlichen Entscheidungen in den experimentell manipulierten Aufgaben auch hinsichtlich ihrer Gehirnreaktionen auswerten. „Gescannt" wurde mittels funktionaler Magnetresonanztomografie die Aktivität in Hirnarealen, von denen bekannt ist, dass sie Mildtätigkeit und Altruismus abbilden. Dabei ergab sich eine deutliche Korrelation mit dem Lebensalter, d.h. Mildtätigkeit wuchs im Laufe des Erwachsenenlebens bedeutsam an. Auch in den Hirnindikatoren! Die zweite Lebenshälfte scheint eindeutig mildtätiger ausgerichtet zu sein als die erste.

Studien-Highlight 54: Rachegedanken im Leben im Zaum halten. Viele würden wohl sagen, dass die Bereitschaft zu vergeben eine bedeutsame menschliche Stärke darstellt. In einer Studie von Ghaemmaghami et al. (2011) wurden 77 jüngere Personen (16 bis 39 Jahre) mit 68 Personen im mittleren Alter (40 bis 59 Jahre) und 69 älteren Menschen (60 bis 90 Jahre) hinsichtlich unterschiedlicher Aspekte der Bereitschaft, anderen Menschen zu vergeben, untersucht. Wie sich in der Studie zeigte, standen in Bezug auf den Aspekt Rache und Rachebedürfnis speziell die älteren Männer deutlich besser da als die jungen Männer. Sie zeigten deutlich geringere Werte. Allerdings gab es auch einen starken Geschlechtseffekt: Frauen zeigten konsistent in allen Altersgruppen eine geringere Neigung nach Rache.

Forschungszimmer 3: Wir brauchen Frieden

In der Zeit, in der dieses Buch geschrieben wurde, konnte einem schon angst und bange werden. COVID-19 lag kaum hinter uns, da begann der Krieg in der Ukraine und nicht viel später sah sich Israel einer kriegerischen Auseinandersetzung mit der Hamas gegenüber. Was wäre, wenn wir von älteren Männern und Frauen regiert würden? Wir sind davon gar nicht so weit entfernt, wenn wir einmal die Grenze bei 60 Jahren ansetzen würden. Leider ist das reine Lebensalter im politischen Raum keine Garantie für friedfertiges Handeln und für vielleicht auch notwendige Vergebensbereitschaft statt Rachegelüsten. Wie sieht es aber bei der großen Gruppe der „normalen" Menschen in der zweiten Lebenshälfte aus, also bei jenen Älteren, die ganz normal ihren Alltag leben, sich um andere kümmern (oder auch nicht), sich mit der Weltlage konfrontiert sehen?

Studien-Highlight 55: Frieden wird im Alter bedeutsamer. In einer Studie von Rohrer et al. (2021) mit Daten des SOEP und einer großen Stichprobe von weit über 60.000 Menschen im Alter zwischen 17 und 105 Jahren zeigte sich, dass Sorgen in Bezug auf Gefährdungen des Friedens früh im Leben relativ hoch sind, dann leicht zurückgehen und etwa ab dem Alter von 40 Jahren rasant ansteigen bis zu Höchstwerten, welche die 60- bis 75-Jährigen aufweisen (Abbildung 16). Spät im Leben geht dann die Bedeutung von Frieden wieder etwas zurück, bleibt aber weiterhin weit über dem Niveau dessen, was Menschen unter 50 Jahren angeben. Zeichnet sich hier, so könnte man fragen, ein gewisses Muster ab? Jüngere Menschen und „junge Alte" (Babyboomer) als zukünftig treibende Kräfte für den Einsatz gegen den Klimawandel und für den Weltfrieden? Frieden mit immer weniger Waffen zu schaffen braucht die Friedensimpulse der zweiten Lebenshälfte.

Abbildung 16: Bedeutung von Frieden von 17 bis 105 Jahre
(deutsch beschriftet und vereinfacht nach Rohrer et al 2021, S. 335)

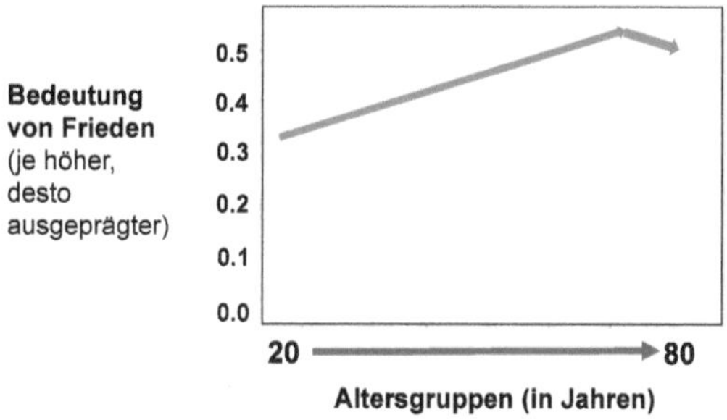

Studien-Highlight 56: Sehnsucht nach Besserem. Das passt gar nicht schlecht zu einer Studie von Scheibe et al. (2007); das sind übrigens Autor:innen, die zum ersten Mal in der empirischen Lebenslauf- und Alternsforschung den Versuch unternahmen, das Konzept der *Sehnsucht* zu untersuchen. Einbezogen wurde eine Stichprobe von 299 Personen zwischen 19 und 81 Jahren. Neben der Sehnsucht nach bleibender Gesundheit, zu finden in allen Altersgruppen, berichteten Ältere häufiger über Sehnsüchte im Sinne eines möglichst intensiven Austauschs mit anderen und der Unterstützung von nachfolgenden Generationen sowie der Sehnsucht nach einer besseren Welt.

Wichtigste Erkenntnisse: In Bezug auf Positivität, Nachgiebigkeit und Frieden zeichnet sich ein recht einheitliches Bild ab: Ältere sehen im Kontrast zu jüngeren Menschen eher das Positive in ihrem Alltag und in der Welt und sie sind im Vergleich zu jüngeren Altersgruppen mildtätiger, nachgiebiger, weniger auf Rache aus und friedliebender. Das mag man bisweilen auch belächeln, aber es wäre doch eigentlich gar nicht schlecht, wenn diese Eigenschaften in unseren Gesellschaften deutlich stärker vertreten wären bzw. zum Zuge kämen?

5.6 Sechste Stärke der zweiten Lebenshälfte: Generativität und Transzendenz

Wir hatten schon weiter oben erwähnt, dass das Konzept der Generativität auf den Lebenslaufforscher Erikson (2005) zurückgeht. Generativität meint die Sorge für nachfolgende Generationen, für die eigenen Kinder, aber auch umfassender die Sorge für das Wohl und Wehe dessen, was nach dem eigenen Tod kommt. Da sind wir nahe an grundlegenden Fragen an das Leben: Was kommt danach? Was ist mir jetzt in der Nähe des Lebensendes wichtig? Was nicht oder nicht mehr?

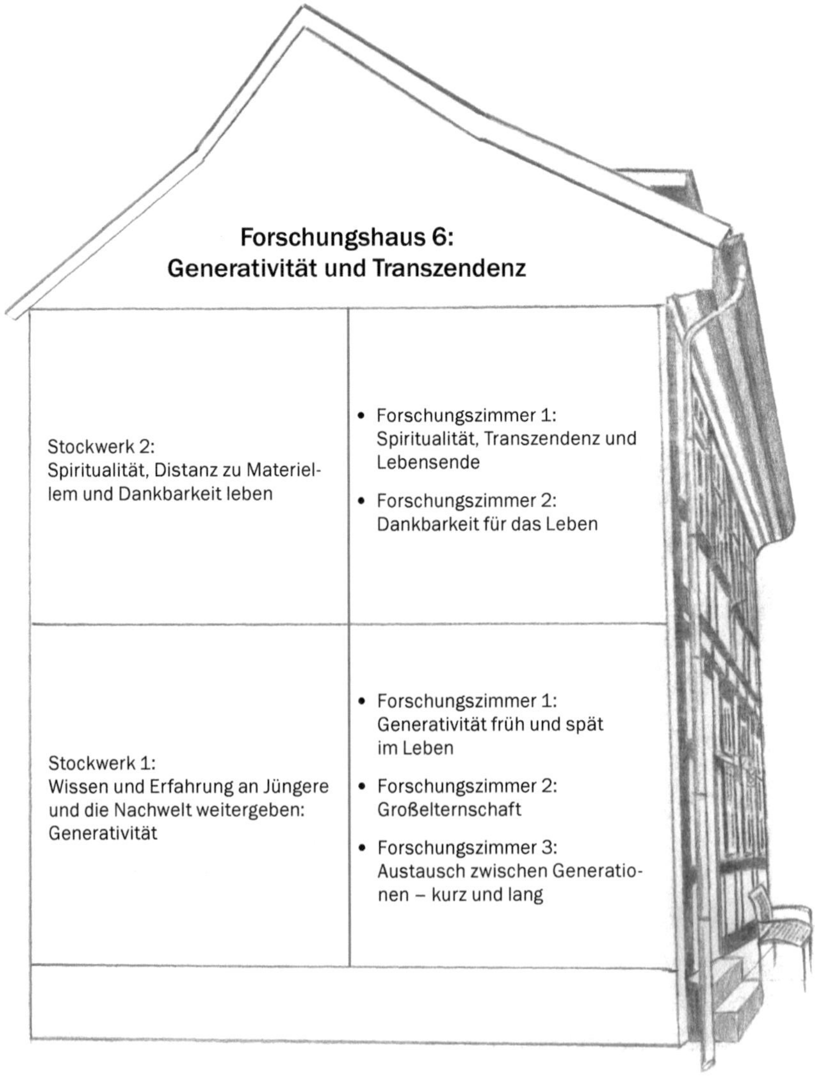

Wissen und Erfahrung an Jüngere und die Nachwelt weitergeben: Generativität

Diese menschliche Stärke haben wir in Tabelle 2 wie folgt beschrieben:

Lebenserfahrungen und Lebenswissen in unterschiedlichsten Kontexten weitergeben, wo sinnvoll und gewünscht.

Forschungszimmer 1: Generativität früh und spät im Leben

Generativität kann sich in vielen Spielarten ausdrücken: In einer allgemeinen Sorgehaltung gegenüber der Nachwelt, in dem Eingehen von Verpflichtungen gegenüber der Welt nach dem eigenen Tod (z. B. Vererbung, Verfügungen, Spenden), in konkreten Handlungen, z. B. der Übernahme einer Mentor:innenrolle und im Weitertragen des eigenen Wissens, von Traditionen und Lebenserfahrungen. Letzteres wurde oft auch mit der schönen Umschreibung von älteren Menschen als „Keepers of the meaning" ausgedrückt. Sie sind die zentralen „Sinnbewahrer" und „Sinnbewahrerinnen" (Vaillant 2002) unseres menschlichen Erbes, der guten und schlechten Seiten der menschlichen Geschichte. Beides gehört zum kulturellen Gedächtnis.

Studien-Highlight 57: Wichtig ist auch, was nach mir kommt. Die Arbeit von McAdams et al. (1993) gehört zu den besten empirischen Untersuchungen zum Thema Generativität. Zwar war die Stichprobengröße begrenzt, jedoch wurde Generativität sehr anspruchsvoll auf mehreren Dimensionen und mit unterschiedlichen Vorgehensweisen gemessen. Zum Beispiel wurden Einstelllungen und konkretes generatives Verhalten erfasst. Einbezogen wurden 51 Personen im Alter von 22 bis 27 Jahren, 53 Personen im Alter von 37 bis 42 Jahren und 48 Personen im Alter von 67 bis 72 Jahren. Es zeigte sich, dass Generativität in wesentlichen Facetten (z. B. Eingehen von Verpflichtungen, Weitertragen eigenen Wissens) vom frühen ins mittlere Alter anstieg und dann relativ stabil blieb. Es gab keinen Unterschied zwischen den beiden älteren Gruppen, aber zu der Gruppe im jungen Erwachsenenalter. Die zweite Lebenshälfte ist demnach die Zeit im Leben, in der wir besonders stark über unsere eigene Lebenszeit hinausdenken und hinaushandeln.

Großelternschaft hat in der psychologischen Alterns- und Entwicklungsforschung, aber auch in der Alternssoziologie viel Aufmerksamkeit gefunden. Was sind die Besonderheiten dieser häufig sehr engen Beziehung von einer Generation zur übernächsten? Auf der theoretischen Ebene wird vor allem die sogenannte „Brückenhypothese" vertreten. Danach bilden Großeltern eine Brücke in eine erweiterte soziale Umwelt, Kinder lernen, erworbene Fähigkeiten in neuen Kontexten anzuwenden und sie erweitern durch die Großelternkontakte ihr Wissen, etwa in Bezug auf frühere Zeitabschnitte. Zudem ist der Kontakt mit den Großeltern gerade im Vergleich mit dem Elternhaus in der Regel besonders stressfrei und belastungsreduzierend (siehe bereits Mannle & Tomasello 1987).

Studien-Highlight 58: Einfach da sein. Eine der großen Studien zu Großelternschaft und gleichzeitig zu Enkeln wurde vom Soziologen Höpflinger und Kollegen (2006) in der Schweiz vorgelegt. Vieles dürfte auch für die deutsche Situation gelten, wenn auch z.B. die räumlichen Entfernungen, die sich natürlich stark auf den unmittelbaren sozialen Kontakt auswirken, in Deutschland deutlich größer sind. Befragt wurden 685 Jugendlichen im Alter von 12 bis 16 Jahren, die Daten zu ihrer Beziehung zu insgesamt 1759 Großmüttern und Großvätern lieferten. Daneben wurden 579 dieser Großeltern nach ihrem Verhältnis zum interviewten Enkel befragt, sodass – spannenderweise – die beiden Generationenperspektiven auch verglichen werden konnten. Die meisten Enkel nahmen ihre Großeltern als großzügig und liebevoll, gesellig, humorvoll und tolerant wahr (etwa 70 bis 85 % der Großeltern). Die Enkel (und wahrscheinlich teilweise ihre Eltern; das wurde aber nicht erfragt) erwarteten in erster Linie von ihren Großeltern, dass sie „einfach da sind", wenn sie gebraucht werden. Und für die meisten Großeltern war dies auch selbstverständlich. Mehr als 90 % der befragten Großeltern-Enkel-Paare schätzen die Beziehung übereinstimmend als wichtig ein.

Studien-Highlight 59: Ganz schön intensives Großelterndasein. Eine der besten Studien in Deutschland, um etwas zu Enkeln und Großeltern zu erfahren, ist die auf Beziehungen und auf Familien bezogene Studie *pairfam*. In eine Studie von Seilbeck und Langmeyer (2018) wurden 431 Großeltern einbezogen; diese waren 2015/16 befragt worden. Es wurden ferner 840 Enkel einbezogen. In Abbildung 17 sind einige der Befunde zusammengestellt. Zum Ersten (Abbildung 17-1) zeigte sich, dass in allen Altersstufen der Großeltern die Kategorie „Mindestens wöchentlich" überwog, besonders deutlich bei den 40- bis 54-jährigen Großeltern.

Es zeigte sich zum Zweiten (Abbildung 17-2), dass Großeltern sich in ganz unterschiedlichen Bereichen engagieren, vor allem im Bereich „Unternehmungen", aber auch in Bezug auf „Trost spenden". Drittens gibt es kaum Enkel, die nicht über materielle Zuwendungen zumindest „Ab und zu" berichteten (Abbildung 17-3).

Abbildung 17: Unterschiedliche Aspekte der Großeltern-Enkel Kontakte (modifiziert nach Seilbeck & Langmeyer 2018, S. 35 sowie S. 45–46, Dank an Frau Alexandra Langmann-Tornier)

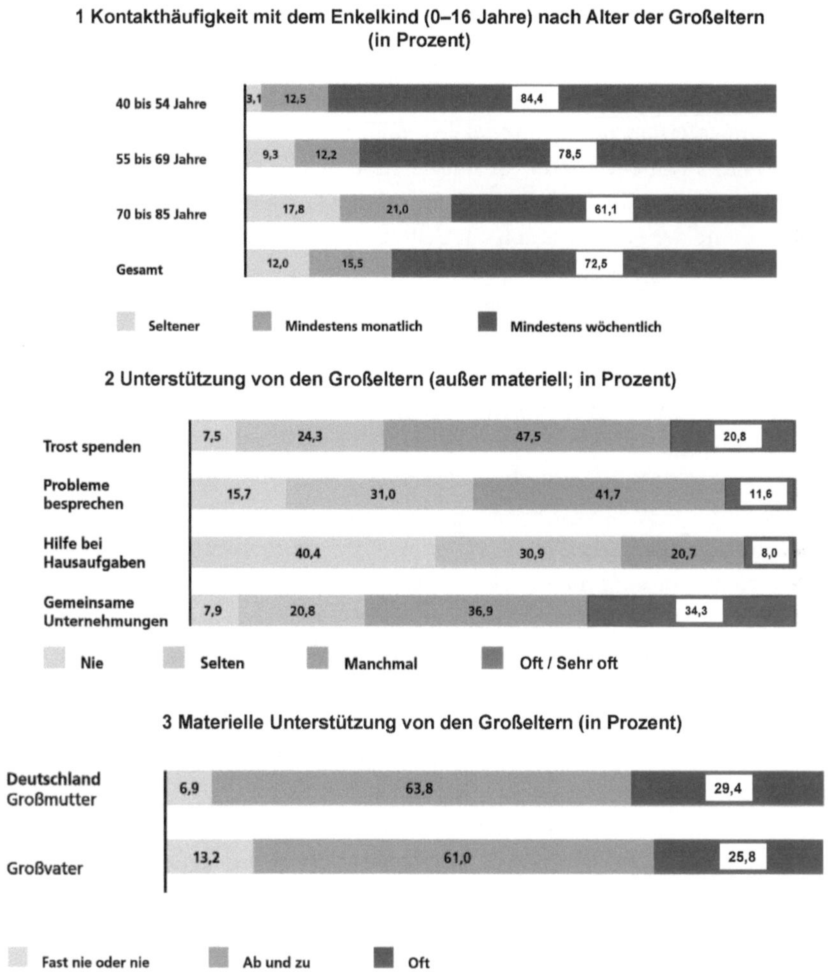

Studien-Highlight 60: So engagiert wie immer – trotz COVID-19. In einer Erhebung des DEAS sind Bünning et al. (2021) der Frage nachgegangen, ob sich das Engagement von Großeltern im Laufe der COVID-19-Pandemie abgeschwächt hat. Dazu konnte 2020/21 eine Stichprobe von 4.419 Personen ab 40 Jahre einbezogen werden, die telefonisch sowie schriftlich befragt wurden. Sie hatten zudem auch bereits an früheren Erhebungswellen des DEAS teilgenommen. Dabei ergab sich, dass im Jahr 2017 39 % der Großeltern ihre Enkelkinder regelmäßig betreut hatten. Im Winter 2020/21 waren es 34 %, ein kleiner und statistisch nicht signifikanter Rückgang. Auch der zeitliche Betreuungsumfang, den Großeltern für ihre Enkelkinder leisten, blieb während der Pandemie ähnlich hoch wie vor der Pandemie. Ein aus meiner Sicht für unsere Gesellschaft insgesamt sehr wichtiger Befund bestand schließlich in einer monetären Hochrechnung: Rechnete man den während der Pandemie von Großeltern für ihre Enkel erbrachten Aufwand zusammen, so ergab sich ein Volumen von fast 2 Milliarden Stunden. Hätten Großeltern hierfür den zu diesem Zeitpunkt gültigen Mindestlohn erhalten, so hätte dies einem Geldbetrag von 16 bis 18 Mrd. Euro oder 0,5 % des Bruttoinlandsprodukts 2020 entsprochen. Die zweite Lebenshälfte ist sehr viel produktiver als gemeinhin angenommen – auch wenn dies nur ein Gedankenspiel war.

Forschungszimmer 3: Austausch zwischen Generationen – kurz und lang

1942 wurde Anita Lasker-Wallfisch gemeinsam mit ihrer Schwester Renate von den Nazis aus ihrer Heimatstadt deportiert und zunächst in Auschwitz und später in Bergen-Belsen inhaftiert. Aufgrund ihrer Violoncello-Kenntnisse blieb sie von Zwangsarbeit verschont und wurde ins Mädchenorchester beordert. Viele Jahre lang schwieg sie über ihre Erlebnisse. Im Jahr 2000 schließlich erschien ihre Autobiografie „Ihr sollt die Wahrheit erben. Die Cellistin von Auschwitz. Erinnerungen“. Als eine der letzten Zeitzeuginnen, die ein Konzentrationslager überlebte, berichtet sie heute Schulklassen von den Gräueltaten der Nazis. Anita Lasker-Wallfisch wurde unter anderem mit dem Deutschen Nationalpreis geehrt.[14] Allgemein gewendet und nicht zuletzt vor dem Hintergrund der deutschen Geschichte kann man mit Lang und Baltes (1997) fragen: „Brauchen alte Menschen junge Menschen?“ Da ergibt sich natürlich gleichsam auch die Gegenfrage: Brauchen jüngere Menschen ältere Menschen?

14 https://www.dw.com/de/anita-lasker-wallfisch/t-54213000.

Studien-Highlight 61: Eine gute Dosis Generationenmiteinander hat positive Wirkungen. In einer experimentell angelegten Studie haben Kessler und Staudinger (2007) die Frage untersucht, welche Auswirkungen das gemeinsame Bearbeiten von Lebensproblemen durch jüngere und ältere Menschen hat. Einbezogen wurden 90 ältere Frauen im Alter von 70 bis 74 Jahren und 90 weibliche Jugendliche im Alter von 14 bis 15 Jahren. Der ausschließliche Einbezug nur von Frauen hatte vor allem den pragmatischen Grund, dass ältere Frau häufig leichter für solche Experimente zu finden sind als ältere Männer, weil sie einfach einen größeren Anteil der älteren Bevölkerung ausmachen (etwa zwei Drittel der über 65-Jährigen sind Frauen). Die Erwartung ging dahin, dass solch intensives Zusammenarbeiten von „Inter-Generationspaaren" zu positiven Wirkungen für beide Generationen führen könnte. Dazu wurde experimentell die Generationenzusammensetzung (Ältere mit Älteren; Ältere mit Jüngeren) variiert. Und in der Tat zeigten die Jüngeren nach Durchführung der experimentell vorgegebenen Aufgabe ein höheres prosoziales Verhalten und die Älteren steigerten zumindest in einigen Indikatoren ihre kognitive Leistungsfähigkeit. Dieser Effekt konnte nur in der Jung-Alt-Bedingung, nicht aber in der Alt-Alt-Bedingung beobachtet werden. Es scheint also, dass das Miteinander unterschiedlicher Generationen positivere Wirkungen zeigt, als das Miteinander von Vertreter:innen von nur einer Generation. Die zweite Lebenshälfte braucht unbedingt die erste Lebenshälfte – und umgekehrt.

Am Ende aber ist nicht das wichtig, was im Labor funktioniert, sondern im Leben. In einem Forschungsprojekt der Evangelischen Hochschule Freiburg zu intergenerativen Begegnungen wurde Kindern im Alter von 3 bis 6 Jahren einmal die Woche eine Begegnung mit Menschen im Alter von über 80 Jahren ermöglicht (Weltzien et al. 2013). Kaffee, Saft, Kuchen, Spielen usw. waren die Gestaltungselemente, also das ganz normale Miteinander ohne irgendwelche Leistungsansprüche. Das besonders Spannende an diesem Projekt war, dass diese Begegnungen über 3 Jahre (!) stattfanden. Ähnlich wie in Kessler und Staudinger (2007) konnten ziemlich positive Effekte auf beiden Generationenseiten beobachtet werden. Die Autor:innen der Studie fanden, dass die beteiligten Kinder sehr schnell in eine Rolle des sorgenden Unterstützers kamen, was einherging mit einem gesteigerten Kompetenz-Erleben. Auch stellte sich ein anderes Bild des alten Menschen ein, das deutlich weniger von (negativen) Stereotypen geprägt war. Die Kinder erwarben ein sehr viel differenzierteres Wissen des Lebens im höheren Alter. Bei den beteiligten älteren Menschen war vor allem ein Gefühl von Bedeutsamkeit zu beobachten. Auch gab es Hinweise, dass ältere Menschen diesen Begegnungen mit einer deutlich jüngeren Generation im Laufe der Studie mehr Bedeutung zuerkannten als ihren vielfältigen gesundheitlichen und funktionalen Beeinträchtigungen.

Wichtigste Erkenntnisse: Menschen im mittleren und höheren Alter sind im Vergleich zu jüngeren Menschen stark davon bestimmt, nachfolgenden Generationen Gutes zu hinterlassen. Da ist im Laufe des Lebens nicht selten viel zusammengekommen – Lebenserfahrungen, Wissen, auch in Bezug auf Finanzen. Was Ältere insgesamt an Jüngere, vor allem ihre Enkel, weitergeben, erreicht durchaus astronomische Höhen. Auch wenn dies in unserer Gesellschaft scheinbar kaum jemand wissen möchte. Ältere profitieren auch in besonderer Weise von Austauschformen mit jüngeren, auch sehr jungen Menschen, aber es lassen sich ebenfalls positive Effekte auf Seiten jüngerer Menschen beobachten. Sie können sich z. B. besser in das Leben älterer Menschen hineinversetzen.

Spiritualität, Distanz zu Materiellem und Dankbarkeit leben

Diese menschliche Stärke haben wir in Tabelle 2 wie folgt beschrieben:

Suche nach dem, was nach dem Leben kommen mag bzw. ein Denken, das über die reine Materialität bzw. Genuss- und Leistungsstreben hinausweist.

Forschungszimmer 1: Spiritualität, Transzendenz und Lebensende

Vielleicht kann man sagen, dass sich die psychologische Alternsforschung mit diesen menschlichen Stärken besonders schwertut. Was ist ein „gutes" Ende des Lebens? Wie lässt sich ein Leben abrunden? Was können wir tun, um auch noch nach dem Ende unseres Lebens die Erinnerung an unser Gewesen-Sein „lebendig" zu halten? Wollen wir das überhaupt? Auf jeden Fall gilt gerade auch hier die Aussage der hohen Heterogenität älterer Menschen. Es gibt mit Sicherheit große Unterschiede zwischen älteren Menschen – gerade auch in diesen existentiellen Fragen des Lebens, und wie man ihnen begegnet. Vor diesem Hintergrund hat der schwedische Alternsforscher Lars Tornstam (2005) mit seiner *Gero-Transzendenz-Theorie* sehr viel Anklang gefunden. Tornstam argumentiert z. B., er habe in seinen Studien sehr häufig bei älteren Menschen eine Art Wendung der eigenen Aufmerksamkeit nach innen beobachtet. Das dürfe man aber nicht als Rückzug oder *Disengagement* verstehen, sondern als existentielle Umorientierung. Dies gehe einher mit einer Relativierung der Bedeutung der körperlichen Sphäre generell. Das Interesse an materiellen Gütern trete spät im Leben deutlich zurück, Besitz werde zunehmend als Belastung erlebt. Tornstam bezieht sich dabei auch auf Ideen des Zen-Buddhismus und meint, wir „im Westen" könnten da noch einiges lernen, denn dieser und die mit ihm verbundenen Meditationsformen gehen ja davon aus, dass es gut ist, sich von materiellem Besitz und sozialem Status zu befreien und „loslassen" zu können. Zen distanziert sich vom westlich-rationalen Denken, von sprachlicher Abstraktion und begrifflicher Schärfe und strebt nach anderen Formen der Erkenntnis. Andere nannten dies das „Erwachen zur längst vorhandenen Welt" (Byung-Chul Han 2002, S. 20). Man mag dies in Frage stellen, aber ich glaube, Tornstam hat hier schon einen Punkt, über den es nachzudenken lohnt.

Studien-Highlight 62: Wir werden spiritueller. Das Spannende an der Studie von Wink und Dillon (2002) besteht darin, dass diese in der Lage waren, anhand einer Ende der 1950er Jahre begonnenen Untersuchung bis Ende der 1990er Jahre den Verlauf von Spiritualität abzubilden. Ursprünglich wurden 232 Personen im Alter von 31 bis 38 Jahren einbezogen. Leider muss man für eine solch lange Beobachtungszeit allerdings auch einen Preis bezahlen. Man sieht sich mit „Ausfällen" konfrontiert. Diese Personen stehen häufig gesundheitlich schlechter dar. Man benötigt Indikatoren, die über den gesamten Untersuchungszeitraum hinweg möglichst unverändert durchgelaufen sind, denn nur so lassen sich zeitliche Vergleiche anstellen. So basiert die Studie auf einer einzigen Einschätzung von Aussagen der Studienteilnehmer:innen durch Forschungsmitarbeiter:innen zur Wichtigkeit von Religiosität zwischen „hoch" (Punktzahl 5) und „niedrig" (Punktzahl 1). Das ist sicherlich sehr vereinfachend. Zumindest gelang es aber den Forschern, eine hohe Übereinstimmung untereinander zu erzielen, nachdem zwei Forscher:innen das zur Verfügung stehende Material völlig unabhängig bewerteten. Auch reduzierte sich erwartungsgemäß die Anzahl an Personen, die in der Studie blieben, deutlich; es waren am Ende noch 154 Personen im Alter von 68 bis 79 Jahren. Wie in Abbildung 18 zu sehen ist fand sich vor dem Hintergrund dieser „Limitationen" ein eindeutiger Anstieg von Spiritualität/Religiosität mit dem Älterwerden. Frauen zeigten in allen Altersstufen eine höhere Spiritualität als Männer, eine Diskrepanz, die mit fortschreitendem Alter größer wurde. In der zweiten Lebenshälfte werden wir nachdenklicher, tiefgründiger und spiritueller.

Abbildung 18: Verlauf von Religiosität/Spiritualität (deutsch beschriftet nach Wink & Dillon 2002, S. 87; die senkrechten Linien zeigen die jeweiligen Fehlerbereiche der Messungen; sie werden größer, je kleiner die Stichprobe mit zunehmendem Alter wurde).

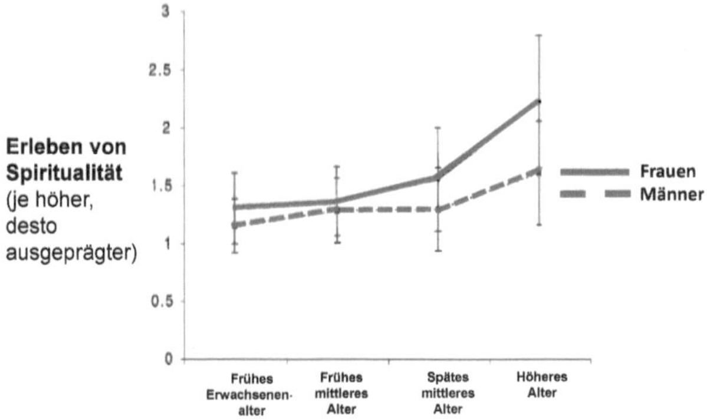

Studien-Highlight 63: Neue Maßstäbe im späten Leben. In einer Studie von Brandstädter (2007) und Brandtstädter et al. (2010) stand die Bedeutung unterschiedlicher Lebensziele für Erwachsene unterschiedlichen Alters im Mittelpunkt. Zunächst argumentieren die Autoren, dass es so sein könnte, dass wir mit zunehmendem Alter immer stärker in eine „konsumierende" Haltung rutschen. Wir haben viel erlebt, viel gearbeitet, (hoffentlich) einiges erreicht – und jetzt genießen wir, was das Zeug hält. Manche Werbung zur Generation 50+ suggeriert dies auch sehr deutlich. Da sieht man auf Werbefotos Ältere am Strand; sie sind tiefentspannt und geben sich einem sichtbar genussvollen Leben hin. Stimmt dieses Bild mit der Realität überein? Könnte es nicht vielmehr so sein, dass wir mit zunehmendem Älterwerden immer weniger an *instrumentellen* Zielen und persönlichem Profitstreben, wie neue Kompetenzen zu erwerben, Macht auszuüben, noch mehr Geld zu haben, interessiert sind, sondern an *wert-orientierten Zielen* wie z. B.:

- authentisch zu sein
- die eigenen Werte überzeugend zu vertreten
- über das materiell Gegebene hinauszudenken?

In der Studie wurden 359 Personen im Alter zwischen 35 und 84 Jahren zu ihren Zielen und Werten befragt und dann zwei großen Zielkategorien zugeordnet, instrumentell-orientierten und wert-orientierten Zielen. Wie Abbildung 19 zeigt, gingen bei den Befragten wert-orientierte Ziele mit dem Älterwerden deutlich nach oben, während instrumentell-orientierte Ziele deutlich nach unten gingen. In der zweiten Lebenshälfte mögen wir weiter an instrumentellen Zielen festhalten, aber eigentlich zählen nun wert-orientierte Ziele mehr: Ist das, was ich tue, wie ich mich verhalte, auch in den Augen meiner Enkel etwas Gutes? Will ich weiterhin Rollen spielen oder authentisch sein – und nicht nur so wirken? Ist für mich der lebenslang häufig hohe Wert von Besitz und Ansehen am Ende noch bedeutsam? Das sind zentrale Fragen, die uns die zweite Lebenshälfte als Aufgaben mitgibt.

Abbildung 19: Instrumentell-orientierte und wert-orientierte Ziele nach Alter (deutsch beschriftet nach Brandstädter et al. 2010, S. 155; Dank an Klaus Rothermund für die Bereitstellung der Originalgrafik)

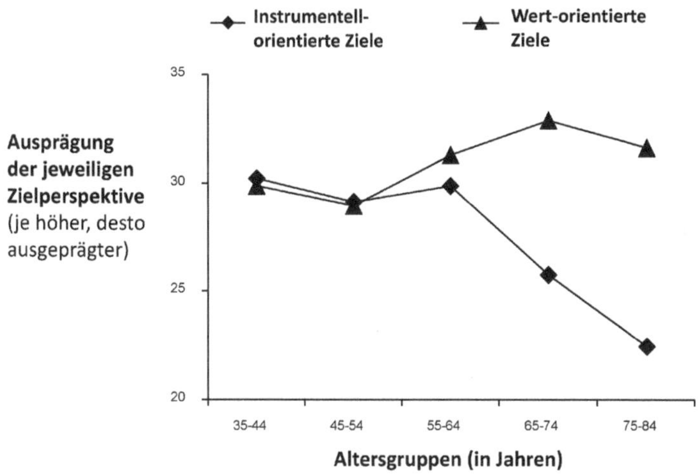

Studien-Highlight 64: Mitten im Leben vom Tod umgeben – Ja und Nein. In einer der bislang größten Studien in diesem Bereich hat Chopik (2017) an zwei großen Stichproben von Menschen im Erwachsenenalter untersucht, welchen lebenslangen Verlauf Gedanken an den Tod und Ängste vor dem Tod zeigen. In der ersten Studie mit 2.363 Erwachsenen im Alter von 18 bis 88 Jahren standen Gedanken an den Tod im Mittelpunkt, in der zweiten Studie mit 9.815 Personen im Alter zwischen 50 und 96 Jahren wurden Ängste vor dem Tod erfasst und zusätzlich über 4 Jahre hinweg beobachtet. In beiden Studien fand sich ein ähnlicher Alterstrend: Ängste vor Sterben und Tod gingen im Laufe des Erwachsenenlebens zurück. In der zweiten Lebenshälfte gehen wir eher ein Stück auf Distanz zu Todesängsten. Gründe, warum dies gut zu gelingen scheint, liegen z. B. darin, dass wir spät im Leben enge soziale Beziehungen mehr wertschätzen (was uns gegen Ängste „puffert“) und auch mehr als in früheren Jahren über unser Leben hinausdenken (Generativität). Ängste bestimmen bis ins höchste Alter hinein keineswegs unser Leben.

Forschungszimmer 2: Dankbarkeit für das Leben

Was ist Dankbarkeit? Eine Antwort kann darin bestehen zu schauen, wie in psychologischen Studien Dankbarkeit erfragt wird. In einem der anerkanntesten Instrumente dazu soll man die z. B. folgenden Aussagen für sich selbst bewerten (Beispiele entnommen aus Hudecek et al. 2021):

- Es gibt so viel in meinem Leben, für das ich dankbar bin.
- Wenn ich alles auflisten müsste, für das ich dankbar bin, wäre dies eine sehr lange Liste.
- Je älter ich werde, desto mehr bin ich in der Lage, für die Menschen, die Ereignisse und die Situationen, die ein Teil meiner Lebensgeschichte gewesen sind, dankbar zu sein. Das schließt nicht aus, dass ich eventuell nicht für alle Erfahrungen dankbar bin.

Dankbarkeit hat sich zwischenzeitlich als Forschungsgegenstand in der psychologischen Lebensspannenforschung gut etabliert. Dankbarkeit gilt als wichtig für die Qualität von engen sozialen Beziehungen, ist Ausdruck von Wertschätzung anderen gegenüber, aber auch für Lebensrückblick und die „Abrundung“ der eigenen Lebensgeschichte.

Studien-Highlight 65: Danke, dass ich leben durfte. In einer Studie von Chopik et al. (2019) wurde eine Stichprobe von 1255 Menschen im Alter zwischen 34 und 84 Jahren mit Auszügen aus dem eben beschriebenen Fragebogen untersucht. Dabei konnte man einen kontinuierlichen Anstieg in Dankbarkeit über diese Erwachsenenlebensspanne feststellen. In der ersten Lebenshälfte bauen wir auf; in der zweiten sind wir dankbar für das, was wir aufgebaut haben – und für das, wovon wir verschont geblieben sind.

Wichtigste Erkenntnisse: Nach den vorliegenden Befunden scheint es recht eindeutig, dass mit Transzendenz verwandte menschliche Stärken mit dem Älterwerden ansteigen. Das gilt allgemein für Spiritualität, aber auch für die Priorisierung von Zielen, die über das eigene Leben hinausweisen wie z. B. authentisch und gerecht zu sein. Entgegen allen Unkenrufen gehen Ängste vor Sterben und Tod im Laufe des Älterwerdens zurück und Dankbarkeit für die unterschiedlichsten Dinge im Leben steigt an.

6 Diskussion und Selbstkritik

In wissenschaftlichen Abhandlungen dient die Rubrik „Diskussion“ in der Regel dazu, die Gesamtlage an Befunden ausgewogen und umsichtig zu bewerten und Fallstricke in den empirischen Daten zu identifizieren. Es geht um die folgende Botschaft: „Ich kenne die Grenzen meiner Daten; ich weiß, dass meine Daten kritisch hinterfragt werden müssen und sicherlich keine endgültigen Aussagen erlauben“. Das ist die wohl wichtigste Haltung, die man als Wissenschaftler:in haben sollte. Sie muss auch in diesem Buch voll zum Tragen kommen, sonst würden wir einen Kardinalfehler begehen.

6.1 Menschliche Stärken in der zweiten Lebenshälfte: Eine Gesamtbilanz

In Tabelle 5 ist noch einmal die Beschreibung der menschlichen Stärken aus Tabelle 2 wiedergegeben, aber dieses Mal ergänzt durch den auf den Punkt gebrachten Trend, der sich aufgrund der empirischen Befunde aus den sechs Forschungshäusern ergeben hat.

Tabelle 5: Menschliche Stärken der zweiten Lebenshälfte, die in diesem Buch auf empirische Evidenz untersucht werden

Menschliche Stärke	Zentrale Aspekte	Trend im Lebensverlauf bzw. über Altersgruppen hinweg
Selbstregulation und Mäßigung	Lebensziele realistisch halten und stetig im Lebensverlauf anpassen	Überwiegend Stabilität, teilweise Anstieg
	Sich vor Verlust und Stress schützen und psychische Ressourcen aufrechterhalten	Überwiegend Stabilität, teilweise Anstieg
Humanität und Sorge für die Mitwelt	Beziehungen zu anderen Menschen hegen und pflegen	Überwiegend Anstieg, teilweise Stabilität
	Sich für die Mitwelt und den Erhalt der Schöpfung engagieren	Überwiegend Anstieg, teilweise Stabilität
Lebenswissen und Lebensklugheit	Wissen, wie das Leben geht, einbringen	Überwiegend Stabilität, teilweise Anstieg
	Kluges und umsichtiges Handeln einsetzen	Überwiegend Stabilität, teilweise Anstieg
Mut in herausfordernden Situationen	Widerstandsfähigkeit gegenüber den Widrigkeiten des Älterwerdens entwickeln	Überwiegend Stabilität, teilweise Anstieg
	Unerwarteten Situationen mit Bedacht begegnen – Das Beispiel COVID-19	Überwiegend Stabilität, teilweise Anstieg

Menschliche Stärke	Zentrale Aspekte	Trend im Lebensverlauf bzw. über Altersgruppen hinweg
Gerechtigkeit, gutes Urteilen und Interessensausgleich	Gerechtigkeitsempfinden und wohlüberlegt ein Urteil anbieten	Überwiegend Anstieg, teilweise Stabilität
	Positivität, Nachgiebigkeit und Frieden anstreben	Überwiegend Anstieg, teilweise Stabilität
Generativität und Transzendenz	Wissen und Erfahrung an Jüngere und die Nachwelt weitergeben: Generativität	Überwiegend Anstieg, teilweise Stabilität
	Spiritualität, Distanz zu Materiellem und Dankbarkeit leben	Überwiegend Anstieg, teilweise Stabilität

Wenn man die Ergebnistendenzen aus Tabelle 5 in einem Bild zusammenstellt, erhält man das in Abbildung 19 dargestellte Verhältnis von Stabilität und Anstieg von menschlichen Stärken in der zweiten Lebenshälfte.

Abbildung 20: Stabilität versus Anstieg in der zweiten Lebenshälfte – auf die Waage gelegt

In Kapitel 4 wurde von den folgenden Hypothesen ausgegangen:

- *H1 – Die „vorsichtige" Hypothese:* In zentralen menschlichen Stärken zeigt sich kein Alternsverlust, sondern Stabilität bis hinein in die zweite Lebenshälfte.
- *H2 – Die „proaktive" Hypothese:* Zumindest in einigen menschlichen Stärken lässt sich nicht nur Stabilität, sondern sogar ein Anstieg in der zweiten Lebenshälfte beobachten.
- *H3 – Die „euphorische" Hypothese":* In zentralen menschlichen Stärken lässt sich ganz überwiegend im Lebensverlauf ein ansteigender Trend hinein in die zweite Lebenshälfte beobachten.

Nach den vorgelegten empirischen Befunden kann die „vorsichtige“ Hypothese (H1) als sehr gut bestätigt betrachtet werden. Es ergaben sich bei allen sechs menschlichen Stärken ausreichend empirische Hinweise dafür, zumindest von Stabilität im Lebensverlauf auszugehen. Auch die „proaktive“ Hypothese (H2) kann als gut bestätigt angesehen werden, denn bei dreien der sechs menschlichen Stärken gibt es empirisch unterstützende Befunde für einen Anstieg in der zweiten Lebenshälfte. In Bezug auf die „euphorische Hypothese“ (H3) ist allerdings zu konstatieren, dass sie zurückgewiesen werden sollte. Ein „rosiges“ Bild vom überwiegenden Anstieg menschlicher Stärken in der zweiten Lebenshälfte scheint unzutreffend. Mit anderen Worten: Es gibt keinen Grund, in Bezug auf menschliche Stärken in eine Lobhudelei des Älterwerdens zu verfallen, aber es gibt mit Sicherheit auch keinen Grund, diesbezüglich in Sack und Asche zu gehen. Das, was im Leben wirklich zählt, was den Kern unseres Mensch-Seins ausmacht, bleibt bis ins späte Leben hinein ziemlich stabil, nimmt in Teilen sogar noch zu.

Ich finde es interessant, dass das nach den derzeit stärksten empirischen Befunden sich ergebende Verlaufsbild von menschlichen Stärken durchaus dem schon in der Antike vor allem bei Cicero, Platon und Seneca beschriebenen Altersbild nahekommt. Ältere Menschen zeichnen sich im Mittel dadurch aus, dass sie in starkem Maße auf ihre soziale Umwelt ausgerichtet sind, ausgewogenen und durch viel Lebenserfahrung informierte Urteile treffen können und das „Warum“ und „Danach“ des Lebens gut im Blick haben. Kreativ und hochregulativ, aber auch mit flexibler Zielregulation und Bescheidenheit, können sie weiterhin im Mittel ihr Leben mit seinen Erfordernissen relativ gut steuern, selbst wenn sie sich extremen Herausforderungen gegenübersehen. Andauernde Misserfolgserlebnisse werden so vermieden; verbliebene Ressourcen gebündelt und zu neuen Synergien geführt. Geistige Leistungen und erworbene Expertisen bleiben in wichtigen Bereichen relativ stabil.

Dass es hierbei auch große Unterschiede zwischen älteren Menschen gibt, ist offensichtlich. Ältere sind nun einmal die heterogenste Altersgruppe überhaupt; lebenslang aufgebaute Unterschiede zwischen älteren Menschen sind gravierend. Aber im Mittel, man könnte auch sagen „normativ“, sollten wir erwarten, wenn wir Menschen in der zweiten Lebenshälfte gegenübertreten, dass sich das in diesem Buch gezeichnete Bild von menschlichen Stärken ergibt: Stabilität und Anstieg. Enttäuschungen diesbezüglich bei Begegnungen mit älteren Menschen sind vorgezeichnet, aber sie sollten *keinesfalls* auf alle Älteren generalisiert werden. Ebenso gibt es nach den Befunden dieses Buches keinen Grund, sich als älter werdender Mensch von negativen Altersstereotypen aus der Fassung bringen zu lassen. Wir können als älter werdende Menschen offensichtlich einiges von uns selbst erwarten, nämlich Stabilität und relatives Wachstum in bedeutsamen menschlichen Stärken. Das, was ältere Menschen hier mitbringen, ist für uns als alternde Individuen und für als alternde Gesellschaft wertvoll.

Kurz zusammengefasst: Nach den in diesem Buch zusammengetragenen empirischen Befunden ergibt sich ein recht ausgewogenes Bild der Entwicklung menschlicher Stärken in der zweiten Lebenshälfte. Kein Grund, die zweite Lebenshälfte in den höchsten Tönen zu loben, aber auch kein Grund, in Sack und Asche zu gehen, wenn wir älter werden.

6.2 Kritik am eigenen Vorgehen

Kritik ist vielleicht das vornehmste wissenschaftliche Verhalten: hinterfragen, was man da so gemacht und herausgefunden hat. Das darf hier nicht anders sein. Und sollte ausführlich geschehen. Hier sind die aus meiner Sicht zehn wichtigsten Punkte und meine Reaktionen darauf:

Erster Kritikpunkt: Verluste des Alterns wurden ignoriert. Nein, das sehe ich nicht so. Allerdings bin ich davon ausgegangen, dass solche Verluste hinlänglich bekannt und in der wissenschaftlichen Literatur in Tausenden von Studien beschrieben worden sind. Mit anderen Worten, ich habe Verluste nicht ignoriert, allerdings auch nicht fokussiert. Zwei Beispiele: Im Bereich der menschlichen Stärke „Selbstregulation und Mäßigung“ bin ich wenig darauf eingegangen, dass das Erleben externer Kontrolle durchaus mit dem Älterwerden ansteigt, auch wenn interne Kontrolle, also das Erleben von Autonomie, relativ konstant bleibt. Im Bereich der menschlichen Stärke „Lebenswissen und Lebensklugheit“ wurde auch dezidiert auf altersabhängige Verluste in der geistigen Verarbeitungsgeschwindigkeit hingewiesen, aber ich habe mich mehr auf den Aspekt der relativ stabilen Entwicklung des Weltwissens und von Lebenserfahrung konzentriert. Es mag ja die Konzentration auf menschliche Stärken im Lebensverlauf und in der zweiten Lebenshälfte null und nichtig sein, wenn man all die mit dem Älterwerden verbundenen Verluste in Rechnung stellt. Ich allerdings sehe dies ganz anders: Die Stärken des Alters werden in unserer Gesellschaft weiterhin systematisch unterschätzt. Ich wollte lediglich zeigen, welches empirische Bild sich ergibt, wenn wir ein tentatives empirisches Gesamtbild der lebenslangen Entwicklung von zentralen menschlichen Stärken zeichnen.

Im Übrigen: In Abbildung 14 hatte ich mit Daten aus unseren Forschungsprojekten gezeigt, dass das Erleben von Gewinnen entlang der lebenslangen Entwicklung relativ stabil bleibt, auch wenn erlebte Verluste immer mehr ansteigen. Gewinne und Verluste scheinen spät im Leben nicht nur parallel zu existieren; sie scheinen immer mehr ineinander verwoben und gar nicht mehr gut voneinander trennbar zu sein. Vielleicht ist später im Leben die griffige Unterscheidung zwischen Gewinnen und Verlusten überhaupt nicht mehr angebracht? Die Perspektive von außen hilft da nur bedingt weiter. Ältere Menschen bewerten z. B.

ihre Gesundheit oder ihre Wohnsituation nicht selten positiv, auch wenn sie nach objektiven Kriterien sehr krank und funktional eingeschränkt sind bzw. ihre Wohnsituation prekär und risikoreich ist. Das haben wir auch in unseren eigenen Studien selbst bei hochaltrigen Menschen gefunden (Wettstein et al. 2016). Nicht selten wird von älteren Menschen auch erlebte Stabilität als Gewinn interpretiert (z. B. „Ich bin zwar gehbehindert, aber kann noch Auto fahren. Das ist unglaublich wichtig für meine Lebensqualität."). Verluste werden weniger negativ bewertet als von jüngeren Menschen (Mustafić & Freund 2013).

Zweiter Kritikpunkt: Die empirischen Rosinen für menschliche Stärken wurden herausgepickt. Nein, sehe ich nicht so. Ich habe weiter oben meine Kriterien zur Auswahl von Studien offengelegt. Ich habe um Ihr Vertrauen gebeten, was die Auswahl der Forschungsliteratur angeht. Ich meine, nach über 30 Jahren Forschung im Bereich der psychologischen Alternsforschung können Sie dieses Vertrauen haben. Ich habe zudem mehrfach betont, dass ich keinen Anspruch auf Vollständigkeit erhebe. Mir ist auf der anderen Seite aber auch keine wissenschaftliche Arbeit bekannt, die jemals *relativ umfassend* empirische Befunde in Bezug auf menschliche Stärken im Lebensverlauf zusammengestellt hätte. Ich glaube, es war einen Versuch wert.

Dritter Kritikpunkt: Die normative Dimension von menschlichen Stärken wurde vernachlässigt. Nein, das sehe ich nicht so. Es ist allerdings überaus wichtig, sich die normative Dimension von menschlichen Stärken immer wieder vor Augen zu führen. Wir bewegen uns im Bereich von Werten, Wertmaßstäben und Menschenbildern. Man kann sich zu diesen Werten bekennen – oder eben nicht. Das haben wir bereits im einführenden Teil des Buches deutlich gesagt. Wenn man sich aber wertbezogen auf einen Kanon von menschlichen Stärken verständigt, der so oder so ähnlich aussieht wie jener, den wir in diesem Buch genutzt haben, dann entsteht das oben dargelegte Bild empirischer Befunde. Eine wesentliche Richtschnur war dabei für mich die sogenannte „Positive Psychology" (Seligman et al. 2005). Würde man menschliche Stärken anders definieren, anderes als menschliche Stärken betrachten, würde eventuell ein anderes empirisches Bild entstehen. Ich glaube das eigentlich nicht, aber es könnte durchaus sein.

Vierter Kritikpunkt: Die große Heterogenität älterer Menschen ist nicht ausreichend berücksichtigt worden. Nein, auch das sehe ich nicht so. Es ist allerdings in der Tat eine der größten Herausforderung der Alternsforschung generell, die Unterschiedlichkeit des Älterwerdens im Blick zu behalten. Sobald wir anfangen, zu generalisieren und allgemeine Tendenzen zu beschreiben machen wir einen Fehler angesichts der großen Unterschiede zwischen alten Menschen. Vielleicht dachten Sie an vielen Stellen des Buches: „Ich kenne aber ältere Menschen, die sind ganz anders als Wahl sie beschreibt. Die sind starrsinnig, unvernünftig, nur an ihrem Wohlergehen interessiert, nicht bereit zu ehrenamtlichem Tun usw." Natürlich, diese Älteren gibt es. Es ist die klassische Diskrepanz zwischen Einzelfall und Gesamttendenz, die sich auf der Grundlage gut gemachter Studien abzeichnet. Oder mit anderen Worten: In den Randbereichen der Verteilung von menschlichen Stärken in der Altersbevölkerung gibt es Varianten, die wir nicht als gutes Modell empfinden. Mein Grundansinnen war allerdings von Anfang an von der folgenden Frage getrieben: Setzen sich trotz aller Unterschiede zwischen Älteren hinsichtlich menschlicher Stärken bestimmte Tendenzen durch? Meine Antwort: Ja, das ist so! Und daraus ergibt sich für mich etwas sehr Praktisches, es sei noch einmal betont: Wir sollten, wenn wir älteren Menschen begegnen und mit diesen in welcher Form auch immer interagieren (im späten Berufsleben, in Alltagssituationen, in Bildungskontexten, in Pflegekontexten usw.) rein statistisch betrachtet eher davon ausgehen, dass in Bezug auf menschliche Stärken Stabilitäten und Anstiege vorliegen. Vielleicht haben wir Pech – und es ist bei unserem Gegenüber deutlich anders. Da ist er, ein älterer Mensch, der nichts von Sorge für andere wissen möchte, der nie etwas spendet, der unverträglich und wenig gewissenhaft ist. Aber die statistische Wahrscheinlichkeit ist größer, dass wir Älteren begegnen, die im Sinne menschlicher Stärken etwas zu bieten haben.

Fünfter Kritikpunkt: Die Vermischung von Alter und Geburtskohorte ist vernachlässigt worden. Ja, das habe ich teilweise in Kauf genommen. Hinter der Gegenüberstellung von Alter und Geburtskohorte steckt eine der großen Herausforderungen der psychologischen Lebenslauf- und Alternsforschung. Es ist vielleicht sehr akademisch, aber wichtig: Wenn wir auf einen Schlag die ganze Altersbandbreite von Menschen in Studien im Querschnitt, also zu nur einem Messzeitpunkt, betrachten (was ich in diesem Buch immer wieder getan habe), dann haben die Älteren in einer solchen Stichprobe ganz andere Sozialisationsbedingungen erfahren als die Jüngeren. Das gilt etwa für Bildungserfahrungen oder gesellschaftliche Normen, die vielleicht vor 50 Jahren noch maßgeblich waren, heute aber belächelt werden (z. B. „Ältere Menschen sollten sich vom gesellschaftlichen Leben zurückziehen"). Das bedeutet, dass es häufig nicht das chronologische Alter, sondern die historische Erfahrung ist, die unser Handeln und Erleben bis zu einem gewissen Grad bestimmt („Meine Generation hat das …"). Das stimmt einfach (Karl 2023). Wenn es um Verluste geht, ist die Vermischung von Alter und Kohorte ein besonderes Problem. Zeigt eine 80-jährige Frau nicht auch deshalb eine schlechtere kognitive Leistung, weil sie eben in ihrer frühen Lebenszeit nicht die Bildungschancen hatte, die junge Frauen heutzutage haben? Sehr wichtige Frage! Allerdings: Ich zielte ja nur auf menschliche Stärken ab. Wenn in den herangezogenen Studien ältere Menschen altruistischer und „positiver" sind als Jüngere, dann kann es natürlich sein, dass sie in ihrem früheren Leben Erfahrungen machten, die den heute Jüngeren fremd sind. Etwa die Erfahrung der entbehrungsreichen Zeit nach dem Zweiten Weltkrieg, der

Zeit des Wirtschaftswunders, der Zeit der „68er Generation". Dieses Tableau an Erfahrungen mag so etwas wie prosoziales Verhalten, Engagement für andere, Generativität usw. zu einem gewissen Teil gefördert haben. Aus meiner Sicht ist es aber viel wahrscheinlicher, dass vor allem das lange Leben und die damit verbundenen Erfahrungen und Auseinandersetzungen das empirisch gefundene Bild erklären, als unterschiedliche historische Erfahrungen. Wir benötigen Lebenszeit, um unsere Selbstregulation aufzubauen, Weltwissen zu erwerben, die Bedeutung enger sozialer Beziehungen zu erkennen, Wertmaßstäbe immer wieder abzuwägen und über den Tellerrand des eigenen Lebens zu blicken. Aber sicherlich spielen Generationenerfahrungen auch eine Rolle.

Sechster Kritikpunkt: Die Selektivität vieler Stichproben wurde übersehen. Nein, das sehe ich nicht so, aber hier haben wir in der Tat einen schwierigen Punkt der Alternsforschung vor uns. Je älter, um so selektiver wird die Stichprobe, denn ältere Menschen mit Krankheit oder Ängsten werden eher nicht mitmachen, wenn sie zu einer Studie eingeladen werden. Oder früher aus der Studie ausscheiden. Auch sind die Höheraltrigen in Stichproben ja immer bereits die „Überlebenden" – auch eine positive Selektion, denn jene, denen es im Leben physisch und psychisch schlechter ging, sind eventuell bereits relativ früh verstorben. Das sind alles gute Punkte! Aber sie sollten auch nicht überbewertet werden. Zum Ersten tritt Selektivität in Bezug auf Teilnahme an Studien in allen Altersgruppen auf. Zum Zweiten zeigten sich doch in einer bedeutsamen Zahl der herangezogenen Studien keine wesentlichen Unterschiede zur Allgemeinbevölkerung über alle Altersgruppen hinweg. Viele Studien, etwa die immer wieder herangezogenen Surveys SOEP und DEAS, sind bevölkerungsrepräsentativ. Dennoch: Mancher Anstieg in den herangezogenen Daten bzw. Ergebnissen könnte „in Wahrheit" flacher ausfallen, manche beobachtete Stabilität könnte in Frage stehen.

Siebter Kritikpunkt: Zusammenhänge zwischen menschlichen Stärken und anderen Merkmalen von Lebensqualität wurden nicht berücksichtigt. Stimmt! Es interessierte mich in diesem Buch tatsächlich nur am Rande, ob, und wenn ja, wie unterschiedliche Ausprägungen von menschlichen Stärken mit Wohlbefinden, Lebenszufriedenheit, Gesundheit, kognitiver Leistung oder anderen Zielvariablen zusammenhängen oder gar für hohe Ausprägung in derartigen Variablen kausal wirken. Mir ging es vor allem um den Lebensverlauf von menschlichen Stärken und deren Ausprägung in der zweiten Lebenshälfte. Darauf wollte ich mich voll und ganz konzentrieren. Aber etwas gehe ich auf diesen Aspekt weiter unten noch ein (Teil „Menschliche Stärken: Was sie für alternde Menschen bedeuten"; dort These 3).

Achter Kritikpunkt: Die Ursachen für unterschiedliche Ausprägungen in menschlichen Stärken wurden vernachlässigt. Hier fällt meine Reaktion ähnlich wie eben aus. Das ist ein wichtiger Punkt, aber wäre für dieses Buch einfach „zu viel Holz" gewesen. Man kann natürlich sagen, dass Ältere eine so hohe Spendenbereitschaft zeigen, ihren Kindern und Enkelkindern materiell so intensiv unter die Arme greifen, liegt an ihrer im Mittel zumindest heute noch guten finanziellen Ausstattung. Ja, stimmt! Es mag sein, dass Ältere weniger negative Affekte wie Wut und Aggressivität zeigen, weil sie an emotionaler Intensität und Spontanität verloren haben. Ja, das stimmt! Dennoch: In Kapitel 6, im Anschluss an dieses Kapitel, ist es mir ein Anliegen zu untersuchen, ob die Altersphase (junges versus hohes Alter), Geschlecht oder die sozio-ökonomische Lage für die Ausprägung und das Ausleben von menschlichen Stärken eine Rolle spielen. So werde ich die Frage nach Ursachen und Differenzierungsbedarfen zumindest ein Stück weit angehen.

Neunter Kritikpunkt: Menschliche Stärken können zu menschlichen Schwächen werden. Ja, menschliche Stärken können zu menschlichen Schwächen werden. Die geringere Sensibilität z. B. von älteren Menschen dafür, selbst ungerecht behandelt zu werden, kann dazu führen, dass Ältere zu wenig Gespür für Altersdiskriminierung entwickeln und „Ageism" ohne Widerstand über sich ergehen lassen. Sozio-emotionale Selektivität, das Bedürfnis nach sozialer Nähe und Positivität, können durchaus ausgebeutet werden, etwa mit Hilfe des sogenannten „Enkeltricks". Der Positivitätseffekt kann auch dazu führen, dass man als ältere Person Warnzeichen körperlicher oder geistiger Veränderung übersieht bzw. übergeht und sich damit Chancen einer frühzeitigen Intervention / Behandlung mindern. Mäßigung kann zu Übersparsamkeit, „Geiz" und starren Verhaltensmustern führen. Sorge für nachfolgende Generationen kann in Überfürsorglichkeit übergehen. Die Bewahrung von Kontrollerleben kann mit unvernünftigem Verhalten etwa in Bezug auf Autofahren korrelieren. Diese Schattenseiten menschlicher Stärken entwerten aber aus meiner Sicht in keiner Weise eben deren Potenzial für ein gutes Leben und Altern.

Zehnter Kritikpunkt: Es wurde zu sehr die „westliche Sicht" betont. Stimmt! Ein großer Teil der im Buch zitierten Forschung zu menschlichen Stärken im Lebensverlauf kommt aus dem westlichen Kulturkreis und hier auch noch aus urbanen Welten. Das ist sehr einseitig! Studien zu kulturellen Unterschieden in Lebensverläufen und Alternsprozessen haben bislang zu wenig Aufmerksamkeit gefunden. Z. B. spricht in Bezug auf die menschliche Stärke „Selbstregulation und Mäßigung" einiges dafür, dass sich diese in asiatischen Kulturen bei Älteren quantitativ und qualitativ anders darstellt. Wir haben z. B. in unserer Meta-Analyse zu subjektivem Alter („Wie alt fühle ich mich?" Pinquart & Wahl 2021) gefunden, dass das Sich-Jünger-Fühlen bei Älteren in asiatischen Kulturen deutlich weniger ausgeprägt ist. Es scheint dort weniger notwendig zu sein, sich „jung zu machen", weil Altern mit menschlichen Stärken verbunden wird, die es zu einer kulturell hoch anerkannten Lebensphase machen. Man könnte auch sagen: Man kann sich dort als älterer Mensch eher „mäßigen" in seiner Distanzierung vom eigenen Alter, weil Älterwerden an sich mit positiven Wertmaßstäben verbunden ist. Prosoziale Orientierungen und Inter-Generativität scheinen in diesen Kulturen bei Älteren noch stärker als in westlichen Sphären in die „Persönlichkeits-DNA" eingebaut zu sein (Fung & Jiang 2016). Das Bedürfnis nach individueller Autonomie („internaler Kontrolle") scheint weniger bedeutsam zu sein. Aspekte von Spiritualität scheinen bei afroamerikanischen älteren Menschen stärker ausgeprägt zu sein als bei „weißen" älteren Amerikanerinnen und Amerikanern. Offensichtlich müssen zukünftige Forschungsarbeiten zu menschlichen Stärken die interkulturelle Dimension stärker in den Blick nehmen.

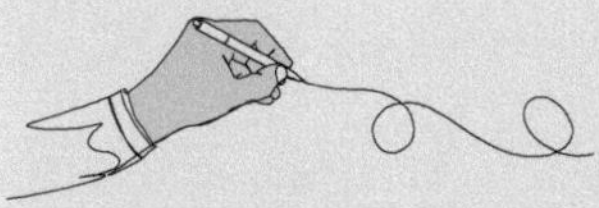

Kurz zusammengefasst: Selbstkritik ist auf jeden Fall in Bezug auf die in diesem Buch berichtete Befundlage zu menschlichen Stärken in der zweiten Lebenshälfte angebracht. Es wurde eine Bandbreite von Kritikpunkten berücksichtigt. Insgesamt scheinen mir aber selbst gewichtige Einwände nicht stark genug zu sein, um unsere grundlegende empirische Befundlage zum lebenslangen Verlauf von menschlichen Stärken in Frage zu stellen. Das schließt nicht aus, dass Stärken auch zu Schwächen werden können. Kulturelle Differenzierungen sind sicher notwendig und werden bislang zu wenig beachtet.

7 Herausforderungen: Hohes Alter, Geschlecht, materielle Lage

7.1 Hohes Alter und menschliche Stärken

Mehrfach wurde bereits gesagt, dass Altern ein überaus heterogener Prozess ist, der sich von Person zu Person sehr unterscheiden kann. Gleichzeitig habe ich in Bezug auf menschliche Stärken argumentiert, dass sich trotz aller Unterschiede bestimmte Verläufe (Anstieg, Stabilität) durchsetzen. Dieses Argument wird nicht außer Kraft gesetzt, wenn einige grundlegende Differenzierungen näher betrachtet werden. Begonnen sei mit der Unterscheidung zwischen einem Dritten und Vierten Alter und ihrer Bedeutung für menschliche Stärken.

Der englische Soziologe Peter Laslett (1995) hat das *Dritte Alter* als eine der zentralen Errungenschaften der Moderne beschrieben. Es geht um die Altersperiode etwa zwischen 60 und 80 Jahren. In dieser historisch neuen Lebensphase, die sich durch den Anstieg der Lebenserwartung und durch eine wachsende Gesundheit und Funktionstüchtigkeit spät im Leben herausgebildet hat, gibt es manches, so Laslett, was traditionell nicht zum höheren Lebensalter gehörend gesehen wurde: neue Lebensprojekte, nur begrenzte funktionale Einschränkungen, völlig neue Erfahrungsmöglichkeiten, weiterhin mögliche persönliche Weiterentwicklung und Persönlichkeitswachstum.

Demgegenüber ist die anschließende Lebensphase des *Vierten Alters* etwa ab 80 bis 85 Jahren durchschnittlich gesehen zunehmend durch Mehrfacherkrankungen und schwerwiegende Funktionsbeeinträchtigungen geprägt. Statistisch gesehen müssen viele Ältere auch in dieser Lebensphase mit diesen Auswirkungen vier bis fünf Jahre verbringen – keinesfalls eine kurze Zeit. Und selbst wenn diese letzte Lebenszeit nur kurz, ein paar Monate wäre: Werden damit die guten Erfahrungen und die immer noch gute Ressourcenausstattung des Dritten Alters nicht aufgehoben bzw. außer Kraft gesetzt? Wie gewonnen, so zerronnen?

Kaum ein anderer hat sich immer wieder so intensiv mit dem Vierten Alter auseinandergesetzt wie der deutsche Entwicklungspsychologe und Alternsforscher Paul B. Baltes (z. B. 1996). Baltes war dabei durchaus nicht pessimistisch, aber er argumentierte doch, dass die Verluste, die wir in dieser Lebensphase längere Zeit (mehrere Jahre) erleben und erfahren müssen, uns alle psychisch sehr herausfordern. Hat sich erst einmal Hilfe- und Pflegebedürftigkeit durch schwere physische und psychische Erkrankungen (vor allem Demenz) und körperliche Funktionsverluste entwickelt, so werden wir gewissermaßen jeden Tag bis zum Ende unseres Lebens mit dem Verlust von Autonomie und „Freiheit“

konfrontiert. Gleichzeitig sind die Möglichkeiten von Pflege-, Gesundheits- und Rehabilitationssystemen in diesem Lebensabschnitt begrenzt, d.h., die Gestalt einer hohen Verletzlichkeit lässt sich im Vierten Alter in der Regel nicht noch einmal grundlegend zum Besseren verändern. Man könnte auch provokativ sagen: Nach einer langen Phase des nachberuflichen Lebens in relativer Gesundheit und mit historisch völlig neuen Entfaltungs- und Entwicklungsmöglichkeiten im Dritten Alter ist heute die Wahrscheinlichkeit relativ hoch, danach in eine mehrjährige Phase hoher Verletzlichkeit bis zum Lebensende einzutreten. Nicht vergessen werden darf in diesem Zusammenhang, dass die Wahrscheinlichkeit, an unterschiedlichen Formen von Demenz zu erkranken, zwischen dem 80. und 89. Lebensjahr bei ca. 20 % und nach dem 90. Lebensjahr bei ca. 40 % liegt.

Was hat dies nun mit der Entwicklung von menschlichen Stärken zu tun? Nun, es spricht einiges dafür, dass menschliche Stärken im Vierten Alter unter besonderen Druck geraten. Und dafür sprechen einige Ergebnisse der existierenden empirischen Lebensverlaufsforschung, die glücklicherweise zunehmend auch sehr alte Menschen im „Vierten Alter“ in ihren Studien in ausreichender Größe berücksichtigt. Hier einige markante Beispiele, die teilweise bereits in der Beschreibung der empirischen Befunde oben angeklungen sind:

- Die Stärke der Selbstregulation kommt im Vierten Alter zunehmend unter Druck und eher „schwierige“ Anpassungsmechanismen wie Verleugnung der eigenen Einbußen, Fehleinschätzungen der eigenen Kräfte, die Dinge laufen lassen und kindliche Verhaltensmuster scheinen ganz spät im Leben etwas zuzunehmen (Diehl et al. 2014).
- Die Stärken des Lebenswissens und der Lebensklugheit sind im Vierten Alter gefährdet, weil sie nur dann funktionieren, wenn unsere grundlegenden kognitiven Ressourcen ausreichend sind. Studien mit genügend großen Stichproben auch mit hochaltrigen Menschen haben deshalb Rückgänge von Lebenswissen und Lebensklugheit sehr spät im Leben gefunden (Smith & Baltes 2010).
- Die Stärke des Engagements für Umwelt und Frieden geht im sehr hohen Alter deutlich zurück (Rohrer et al. 2021). Wahrscheinlich sind Menschen im Vierten Alter durch ihre gesundheitlichen und funktionalen Einschränkungen so intensiv gefordert, dass sie für Umweltbewusstsein einfach keine Kapazitäten mehr haben.
- Die Stärken der Aufrechterhaltung von Wohlbefinden und Sinnerleben sowie die Vermeidung von negativen Emotionen wird in der Nähe des Lebensendes immer schwieriger (Gerstorf et al. 2008; Ryff & Keyes 1995).

Diese Aufzählung ist nicht vollständig, denn für manchen Indikator von menschlicher Stärke gibt es noch kaum Studien mit ausreichend großen Stichproben auch von sehr alten Menschen.

Kurz zusammengefasst: Es scheint zu stimmen, dass sehr spät im Leben, im Zuge der Anforderungen des Vierten Alters, menschliche Stärken gewissermaßen einem Härtetest ausgesetzt werden. Vielleicht tritt tatsächlich in diesem Lebensabschnitt ein qualitativer Bruch in Bezug auf menschliche Stärken ein. Die größte menschliche Stärke besteht nun eventuell vor allem darin, den zunehmend eintretenden Verlusten mit Würde zu begegnen? Auch wird in Bezug auf das Vierte Alter besonders deutlich, dass die Erhaltung von menschlichen Stärken bis zum Lebensende auch davon abhängt, wie unsere Gesellschaft mit Hochaltrigkeit umgeht. Darauf werde ich im Schlusskapitel zurückkommen.

7.2 Geschlecht und menschliche Stärken

Die Notwendigkeit einer Gender-Gerontologie wird heute allgemein als ein Muss der psychologischen Alternsforschung angesehen. Rezent finden endlich auch ältergewordene LSTBIQ[15] gerontologisches Forschungsinteresse. Eine genderspezifische Betrachtung von menschlichen Stärken scheint auf der Hand zu liegen. Nach gängigen Rollenklischees würde man Frauen eher die menschlichen Stärken der Selbstregulation und Mäßigung, der Humanität und Sorge für die Mitwelt und der Generativität und Transzendenz zuschreiben, Männern eher die menschlichen Stärken des Lebenswissens und der Lebensklugheit, des Muts in herausfordernden Situationen und der Gerechtigkeit, des guten Urteilens und des Interessensausgleichs. Geschlechterunterschiede haben allerdings in der empirischen Forschung zu menschlichen Stärken im Lebensverlauf bislang wenig Resonanz gefunden. Einige gut gesicherte empirische Anhaltspunkte liegen jedoch vor; sie sind oben in der Beschreibung der empirischen Befundlage auch bereits weitgehend zum Tragen gekommen:

Eher Frauenvorteil / eher Männernachteil:

- Selbstregulation und Mäßigung: Ältere Frauen zeigen hinsichtlich der Stärke Flexibilität in Zielanpassungen etwas höhere Werte als ältere Männer (Brandstädter & Renner, 1990).
- Humanität und Sorge für die Mitwelt: Ältere Frauen schreiben sozialen Beziehungen einen höheren Wert zu als ältere Männer (Ryff et al., 2004).

15 Die deutsche Abkürzung LSBTIQ steht für Lesben, Schwule, Bisexuelle, Trans*, Inter* und Queers. Manchmal wird auch im Deutschen das englische Akronym LGBTIQ („Lesbians, Gays, Bisexuals, Transgender, Intersex & Queers") benutzt. Manchmal wird der Asterisk* (Sternchen „*") als Öffnung und Platzhalter für weitere, nicht benannte Identitäten hinzugefügt (LSBTIQ*), manchmal nicht (https://www.bpb.de/themen/gender-diversitaet/geschlechtliche-vielfalt-trans/500939/lsbtiq-lgbtiq/)

- Humanität und Sorge für die Mitwelt: Ältere Frauen sind in der Stärke der informellen Pflege höher engagiert als ältere Frauen (Rothgang & Müller, 2018).
- Lebenswissen und Lebensklugheit: Ältere Frauen zeigen eine niedrigere Risikobereitschaft als ältere Männer (Josef et al., 2016).
- Lebenswissen und Lebensklugheit: Frauen besitzen spät im Leben mehr Humor als ältere Männer (Ruch et al., 2010).
- Gerechtigkeit und gutes Urteilen: Ältere Frauen zeigen eine etwas geringere Neigung zu Rachegelüsten als ältere Männer (Ghaemmaghami et al., 2011).
- Generativität und Transzendenz: Ältere Frauen berichten über höhere Ausprägungen in der Stärke der Spiritualität als ältere Männer (Wink & Dillon, 2002).
- Generativität und Transzendenz: Ältere Frauen weisen etwas höhere Werte in der Stärke der Dankbarkeit als ältere Männer auf (Chopik et al., 2019).

Eher Frauennachteil / eher Männervorteil:

- Selbstregulation und Mäßigung: Ältere Frauen weisen in psychischen Verarbeitungsformen eher eine Neigung zur Selbstanklage auf, während ältere Männer ihr „Coping" eher nach außen richten („Die anderen sind schuld") (Diehl et al., 2014).
- Humanität und Sorge für die Mitwelt: Ältere Frauen liegen nicht in der Stärke der Spendenbereitschaft, jedoch in der Spendenhöhe niedriger als ältere Männer; das ist wohl vor allem ein Ausdruck sozio-ökonomischer Unterschiede (Spendenstatistik des Deutschen Zentralinstituts für soziale Fragen, 2021).
- Selbstregulation und Mäßigung: Ältere Frauen berichten über eine etwas geringere Selbst-Akzeptanz als ältere Männer (Ryff et al., 2004).
- Mut in herausfordernden Situationen. Ältere Frauen müssen schließlich im Vergleich mit älteren Männern auf Grund ihrer höheren Lebenserwartung längere Lebenszeit mit chronischen Krankheiten und Multimorbidität zubringen als ältere Männer; ältere Frauen müssen sich zudem mit dem kritischen Ereignis der Verwitwung sehr viel häufiger auseinandersetzen als ältere Männer. Frauen sind in der menschlichen Stärke „Mut in herausfordernden Situationen" also mehr gefordert als ältere Männer.

Die Liste besitzt keinerlei Anspruch auf Vollständigkeit, zeigt aber, dass schon bedeutsame Geschlechtsunterschiede in durchaus nicht wenigen Bereichen menschlicher Stärken in der zweiten Lebenshälfte existieren. Die Unterschiede sind in der Regel allerdings eher gering (statistisch ausgedrückt: kleine Effektstärken).

Schließlich betreffen die zuvor getroffenen Aussagen zum Vierten Alter vor allem Frauen.

Jenseits von 80 Jahren sind rund 70 % weiblichen Geschlechts, jenseits von 90 Jahren ca. 90 %, in der Langzeitpflege ca. 80 bis 90 %. Nur etwa jeder zehnte über 100-Jährige ist ein Mann. Pflegeheime sind statistisch gesehen vor allem

„Frauenheime“, Stürze sind vor allem „Frauenstürze“, Demenzen sind vor allem „Frauendemenzen“, arme alte Menschen sind vor allem „Frauenarme“. Auch sind die Lebensverlaufsmuster beider Geschlechter bis heute sehr deutlich verschieden und diese Unterschiedlichkeiten kulminieren gewissermaßen spät im Leben. Alte Frauen haben einen deutlich höheren Anteil an prekären Arbeitsverhältnissen bzw. an Teilzeitjobs hinter sich, was ihre materielle Lage negativ beeinflusst. Altersarmut ist damit vor allem Frauenarmut.

Diese Erkenntnisse sollten nicht als Pessimismus verstanden werden. Es scheint aber schon so zu sein, dass die lebenslange Erhaltung menschlicher Stärken, eventuell sogar die Umsetzung von Anstiegen, alternden Frauen mehr abverlangt als alternden Männern. Zudem sind älter werdende Frauen nach wie vor in stärkerem Maße als Männer negativen Altersstereotypen ausgesetzt; es wird vom sogenannten doppelten Standard des Alters gesprochen (Sontag 1972): Für Frauen ist die Kombination von Frau + Alter eher eine Art doppelte Benachteiligung, für Männer eher nicht. Graues Haar bedeutet bei älteren Männern Seriosität und damit Ansehen, bei älteren Frauen hingegen, dass sie „alt“ sind und als weniger attraktiv eingeschätzt werden. Die beharrliche Auseinandersetzung mit diesen speziellen Anforderungen könnte man eventuell selbst als eine menschliche Stärke verstehen, die frauenspezifisch wäre. Das wäre dann eine frauenspezifische Kombination vor allem von Resilienz, flexiblen Zielanpassungen und Nutzung von sozialen Netzwerken. Chapeau!

Besonders gefordert in Bezug auf die Erhaltung menschlicher Stärken könnten auch ältere LSTBIQ sein, denn diese blicken nicht selten im höheren Lebensalter auf lebenslange Anfeindungen aufgrund ihrer sexuellen Ausrichtung zurück. Hier liegt ein bedeutsamer Forschungsbedarf der Gerontologie.

Kurz zusammengefasst: Menschliche Stärken bedürfen in einer Sichtweise lebenslanger Entwicklung einer Differenzierung nach Gender und Diversität. Die immer noch zu starke „Genderlosigkeit“ der aktuellen Alternsforschung muss in diesem Zusammenhang kritisiert werden. Insgesamt sind die Unterschiede in der Entwicklung menschlicher Stärken zwischen den Geschlechtern relativ gering, aber Frauen stehen wohl, was die Erhaltung von menschlichen Stärken im Lebenslauf betrifft, größeren Herausforderungen als Männer gegenüber.

7.3 Materielle Lage und menschliche Stärken

Menschliche Stärken benötigen, wie bereits mehrfach hervorgehoben, Ressourcen. Wenn der Alltag eines älteren Menschen primär davon bestimmt wird, satt zu werden, die Miete aufzubringen, das zur Verfügung stehende Geld zusammenzuhalten und nicht ins finanzielle Minus zu rutschen, dann stehen Generativität,

Spendenbereitschaft, Freiwilligenengagement, Resilienz und flexible Selbstregulation wahrscheinlich unter keinem guten Stern bzw. sie müssen in einem sehr engen Möglichkeitsraum operieren. Diese und weitere menschliche Stärken kommen natürlich trotzdem zum Ausdruck, werden umgesetzt; das ist großartig. Aber wer würde bestreiten, dass es schwerer wird, wenn das alltägliche Leben Älteren alles abverlangt?

Die national und international anerkannteste Konzeption zur Definition von Armut ist jene, welche die Armutsgefährdungsquote definiert als Anteil der Personen mit einem Äquivalenzeinkommen von weniger als 60 % des *Medians der Äquivalenzein*kommen der deutschen Bevölkerung in Privathaushalten insgesamt. Der Median teilt die Verteilung genau in zwei Hälften. Das Äquivalenzeinkommen ist ein auf der Basis des Haushaltsnettoeinkommens berechnetes bedarfsgewichtetes Pro-Kopf-Einkommen je Haushaltsmitglied. Es wird herangezogen, um die Einkommen unterschiedlich großer Haushalte vergleichbar zu machen. Oft werden auch Armut und soziale Ausgrenzung gemeinsam betrachtet. Dies ist nach einer Definition der Europäischen Union (EU) gegeben, wenn bei den befragten Haushalten eines oder mehrere der drei Kriterien „Armutsgefährdung", „erhebliche materielle Entbehrung", „Zugehörigkeit zu einem Haushalt mit sehr geringer Erwerbsbeteiligung" vorliegen.

Die Verteilung stellt sich in Deutschland aktuell (Daten aus dem Jahr 2021) wie folgt dar: Die Quote von Armut und sozialer Ausgrenzung liegt derzeit bei etwa 21 % in der Gesamtbevölkerung. Etwas höher fällt sie bei den über 65-Jährigen Frauen mit rund 22 % aus. Am höchsten ist die Quote allerdings – dies nur am Rande bemerkt, aber ein weiterer Grund für schlechte Gefühle – bei den unter 18-Jährigen mit über 23 %. Das sind vor allem Haushalte mit Alleinerziehenden, in der Regel Mütter. Es ist ferner davon auszugehen, dass das Armutsrisiko in der Zukunft weiter ansteigt (prekäre Arbeitsverhältnisse, ungünstigere Erwerbsbiografien insgesamt, geringe Rentenhöhe).

Seit Jahren ist auch bekannt, dass von Armut Betroffene eine deutlich kürzere Lebenserwartung haben als nicht von Armut Betroffene. Frauen in Armut weisen eine um etwa acht Jahre kürzere Gesamtlebenserwartung verglichen mit Frauen auf, die keine Armutserfahrung machen; im Alter von 65 Jahren sind es immer noch gut sechs Jahre Differenz (Robert-Koch-Institut 2010).

Ferner gehen niedrigere Bildung und Armut oftmals zusammen. Menschen mit hoher Bildung bleiben länger gesund und leben länger. Sie können sich im Falle von Einbußen die besseren Hilfsmittel (z. B. das teurere Hörgerät) und wahrscheinlich auch die bessere medizinische Versorgung insgesamt leisten.

Vor diesem Hintergrund sei auf den zu Anfang dieses Buchteils beschriebenen eingeschränkten Möglichkeitsraum für das Zeigen menschlicher Stärken zurückgekommen, wenn die materielle Lage prekär ist. Dazu einige „indirekte" Anmerkungen, denn empirische Daten liegen dazu kaum vor. Zum Ersten ist erneut auf die Rolle des Geschlechts hinzuweisen. Die oben getroffene Aussage, dass Frauen sich höheren Anforderungen dahingehend gegenübersehen, bis zum hohen Lebensalter ihre menschlichen Stärken zu erhalten, verstärkt sich nun weiter: Arme Personen im hohen Alter sind zu einem großen Anteil Frauen. Zum Zweiten zeigen sich Belastungen empirisch am ehesten in bestimmten Verhaltensweisen, die mit menschlichen Stärken in Zusammenhang stehen. So ergab sich in der größten deutschen Studie zu Freiwilligenengagement, dem Deutschen Freiwilligensurvey, dass Freiwilligenengagement bei älteren Menschen in schlechten sozialen Lagen niedriger ausfällt (Simonson et al. 2022). Zum Dritten ist auf den immer wieder bestätigten Zusammenhang zwischen Armut, Krankheit und Überleben hinzuweisen (siehe oben). Weitere Aussagen zu Zusammenhängen zwischen sozialer Lage und menschlichen Stärken sind wenig untersucht. Es liegt aber nahe, dass Ältere mit wenig materiellen Ressourcen und eventuell niedriger Bildung deutlich engere Spielräume besitzen z. B. für die Umsetzung der menschlichen Stärken flexible Zielanpassungen, finanzielle Transfers an nachfolgende Generationen, Positivität, Lebenszufriedenheit und Selbstakzeptanz. Das führt zu zwei Schlussfolgerungen: Ältere Menschen in prekären sozialen Lagen – es sind vor allem ältere Frauen – stehen vor größeren Herausforderungen, wenn es um das „Ausleben" von menschlichen Stärke geht, als jene in guter sozialer Lage. Die allgemeinen Schlussfolgerungen zu menschlichen Stärken in diesem Buch weisen mit Sicherheit einen gewissen Mittelklassefehler auf. Sie gelten eher für materiell gut dastehende Menschen in der zweiten Lebenshälfte.

Kurz zusammengefasst: Große materielle Unsicherheit und bildungsbezogene Nachteile spät im Leben engen den Möglichkeitsraum für das „Ausleben" von menschlichen Stärken deutlich ein. Das bedeutet keinesfalls, dass Erhaltung und Anstieg von menschlichen Stärken im Leben und Älterwerden dieser älteren Menschen nicht mehr möglich ist. Aber es ist schwieriger und muss unter herausfordernden Gesamtbedingungen stattfinden.

8 Stärken der zweiten Lebenshälfte stark machen

Dies ist das abschließende Kapitel des Buches. Und es ist wahrscheinlich das wichtigste, denn es ist zu fragen, was all die Befunde zum Verlauf menschlicher Stärken mit der Alltagsrealität der zweiten Lebenshälfte und mit unserer (stark alternden) Gesellschaft zu tun haben. Eines ist klar: Es soll nicht darum gehen, nun pathetisch auszuholen, und die menschlichen Stärken bis ins höchste Alter zu preisen. Dazu gibt es keinen Anlass. Das Bild ist, wie oben ausgeführt, durchaus „gemischt positiv". Es ist aber auch das Gegenteil von dem, was uns das Defizitbild des Älterwerdens glauben machen will: Alles geht letztlich runter, je älter wir werden. Ja, viele Verluste gehören zum Älterwerden. Aber nicht alles wird von älteren Menschen vor dem Hintergrund ihrer Biografie und ihrer Selbstregulationsfähigkeiten tatsächlich als Verlust gedeutet. Zudem werden Stabilität und Anstiege in psychischen und anderen Bereichen weiterhin in unserer Gesellschaft systematisch unterschätzt: individuell und gesellschaftlich.

Immer wieder kommt mir in Gesprächen mit älteren Menschen allerdings auch entgegen, dass sie das stabil Gebliebene (oder gar Angewachsene) in ihrem späten Leben entweder nicht sehen oder als belanglos herabwürdigen. Das sind dann Aussagen wie „Ja, ich hab' ja was zu sagen, aber niemand will es hören" oder „Ich geh' ja noch jeden Sonntag wandern, aber wer weiß, wie lange das noch gut geht" oder „Ich kann mir mit meinen Gehproblemen schon gut helfen, aber ist halt nicht mehr wie früher" oder „Ich hab' die Oper erst in den letzten Jahren als sehr erfüllend für mich entdeckt, warum nur nicht früher, sehr bedauerlich." oder „Ich versteh' heut' mehr, wie das Leben geht, aber jetzt brauch ich's ja nicht mehr." Warum machen wir uns als Ältere das Leben unnötig schwer mit solchen „Selbstaufhebungen" unserer menschlichen Stärken. Es ist doch ganz anders, wenn wir sagen:

- „Ich geh' ja jeden Sonntag wandern." Punkt.
- „Ich kann mir mit meinen Gehproblemen schon gut helfen." Punkt.
- „Ich hab' die Oper erst in den letzten Jahren als sehr erfüllend für mich entdeckt." Punkt.
- „Ich versteh' heut' mehr, wie das Leben geht." Punkt.

Auch erlebe ich in unserer Gesellschaft zu wenig Interesse daran, dass die zweite Lebenshälfte mehr als „Abbau" zu bieten hat. Die empirische Datenlage jedenfalls spricht, wie in diesem Buch gezeigt, eine ganz andere Sprache. Wenn sie ignoriert wird, haben wir eine weitere Variante der derzeit leider starken Wissenschaftsfeindlichkeit und der Fake-News auch zum Leben im Alter und seinen Möglichkeitsräumen vor uns.

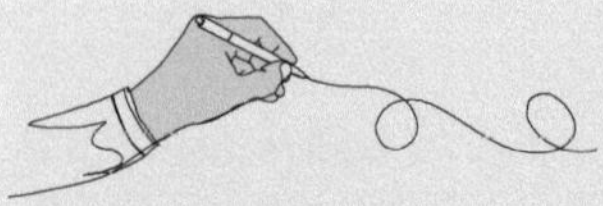

Kurz zusammengefasst: Wir haben allen Grund, die Stärken der zweiten Lebenshälfte stark zu machen. Das muss individuell und gesellschaftlich wahrgenommen, aufgenommen und genutzt werden! Wir brauchen eine Aufwertung der zweiten Lebenshälfte!

8.1 Menschliche Stärken: Was sie für alternde Menschen bedeuten

Hier kommen meine Thesen dazu:

These 1: Ressourcen sind mitentscheidend für den Entwicklungsverlauf von menschlichen Stärken. Deswegen ist es so entscheidend, dass unsere Ressourcen möglichst lange und möglichst weitgehend erhalten bleiben.

„Sollen impliziert Können" – so das *Brückenprinzip* des deutschen Philosophen Hans Albert (1971). Wenn wir uns selbst eine Handlungsmaxime („Sei gerecht"; „Sei prosozial"; „Sorge für die nachfolgende Generation") auferlegen, danach leben möchten, dann setzt dies voraus, dass wir genügend Ressourcen als Fundament für diese menschlichen Stärken zur Verfügung haben. Älterwerden fordert uns hier schon immer wieder ganz schön heraus: Es wäre sicherlich hilfreich, wir würden spät im Leben nicht von ungünstigen Lebensumständen – gesundheitlich, sozial, materiell – so in Anspruch genommen werden, dass kaum noch Energie und Selbstregulationskompetenz über die Bewältigung dieser Herausforderungen hinaus zur Verfügung stehen. Wenn unsere geistige „Grundleistung" in bedeutsamer Weise verloren geht, sind wir nicht mehr in der besten Ausgangslage, menschliche Stärken zu leben. Das gilt ebenso für Wohnsituationen, die uns durch Barrierehaftigkeit jeden Tag auf die Probe stellen und möglicherweise zu nicht gut vorbereiteten Umzugsentscheidungen, etwa in Institutionen, führen. Natürlich: Wir können solche Entwicklungen in unserem späten Leben nur bedingt kontrollieren und selbst gestalten.

Wir können allerdings auf die Idee kommen, das, was möglich und auch durch Forschung zwischenzeitlich sehr gut bestätigt ist, zu tun. Es geht mir hier vor allem darum, an welchen Schrauben wir selbst drehen können, um unseren Alternsprozess zu stärken. Und damit geht es um das heute sehr reichhaltige und zu großen Teilen empirisch gut bestätigte Arsenal an Interventionen, die völlig zu Recht auf unsere bis zum Lebensende vorhandene Plastizität bauen (Gellert & Wahl, 2024). Die Liste der hilfreichen Maßnahmen ist lang: Bewegungserhöhung, kognitive Trainingsmaßnahmen, Teilnahme an einem Sturzpräventionsprogramm, Nutzung digitaler Technologien, sich weiterbilden, Psychotherapie, optimale Rehabilitation, Lernen, mit chronischen Krankheiten wie Diabetes möglichst optimal umzugehen – genau um diese konkreten Angebote geht es. Es geht darum, deutlich zu machen, dass das, was Alternspsycholog:innen, Geriater:innen und viele andere Professionen häufig raten, um Gesundheit, körperliche Fitness und ein anregendes Leben zu erhalten, auch dem Erhalt und der Entfaltung von menschlichen Stärken bis ins höchste Alter zugutekommt. Man könnte auch sagen: Mir ist der Fokus bei all diesen Empfehlungen auf Gesundheit und Funktionstüchtigkeit zu eng. Sicher, die Aufrechterhaltung von Gesundheit und Alltagsfunktionen ist wichtig – keine Frage. Aber ist es aus einer humanistischen Perspektive gesehen nicht noch viel wichtiger, dass wir auf diesem Wege unsere Einzigartigkeit als Menschen bewahren, indem wir das Fundament für menschliche Stärken immer wieder aufs Neue fördern und festigen – bis weit in die zweite Lebenshälfte hinein?

Geistige Anregung suchen und offen für Neues bleiben: Die empirisch sehr gut unterstützte Empfehlung, sich wo immer möglich geistige Anregung zu suchen und sich geistig zu fordern (Hertzog et al. 2009), hat viel mit dem Erhalt menschlicher Stärken zu tun. Mit neuem Lernen trainieren wir gleichzeitig unsere grundlegende geistige Leistung und unser Weltwissen. Prozess und Inhalt eines solchen Tuns sind hilfreich, um Lebenswissen- und Lebensklugheit zu erhalten und zu fördern. Das können wir durch vielfältige soziale Austauschprozesse, nicht zuletzt den Inter-Generationenaustausch, weiter anregen und fördern. Haben Sie den „Mut", sich in Foren in Ihrer Gemeinde zu engagieren, in denen Sie auch mit jüngeren Menschen in Kontakt kommen. Allgemein kann man hier mit Erich Kästner sagen: Es gibt nichts Gutes, außer man tut es. Und es geht nicht um abgehobene Dinge, sondern Alltägliches: Singen im Chor, sich für andere Menschen engagieren, Hobbies ausüben bzw. sich neue zulegen, kulturelle Veranstaltungen besuchen und genießen, soziale Aktivitäten mit anderen Menschen aller Art unternehmen, Kreuzworträtsel und Ähnliches bearbeiten, eine neue Sprache lernen, Kurse der Volkshochschulen und Abendakademien belegen, sich digitale Kompetenzen aneignen, sofern noch notwendig, sich erneut einem Musikinstrument widmen, das man „früher" einmal gelernt hat oder ein neues Instrument ohne Leistungsdruck, sondern nur mit Freude in Angriff nehmen – all dieses alltäglich gut Mögliche ist auch förderlich für den Erhalt/die Entfaltung von menschlichen Stärken. Einfach einiges davon oder Ähnliches in dieser Richtung machen! Oder verstärkt machen! Oder mit dem einen oder anderen ergänzen! Mal was Neues in Angriff nehmen! Kleine Schritte mit großer „Stärke-Wirkung"!

Körperliche Fitness erhalten: Sich durch angemessene Aktivität körperlich fit zu halten ist heute ja eine Binsenweisheit. Erneut: Es gibt nichts Gutes außer man tut es. Die gesundheitserhaltende Breitenwirkung von körperlicher Aktivität ist heute, was die vorliegende Evidenz angeht, sehr stark. Und es müssen auch nicht die 10.000 Schritte pro Tag sein, welche die Weltgesundheitsorganisation vorgeschlagen hat; die Hälfte an Schritten pro Tag zeigt ähnlich gute Effekte. Die Breitenwirkung kann im Bereich körperlicher Fitness, in geistigen Leistungen (Aufmerksamkeit, Konzentration, Denkschnelligkeit, Gedächtnisleistung) und im Erhalt von Wohlbefinden gesehen werden. Was aber in diesem Buch am meisten interessiert: Es geht nicht nur um körperliche und geistige Fitness, sondern eben auch um den Erhalt von Ressourcen, die für die Aufrechterhaltung und weitere Entfaltung von menschlichen Stärken sehr bedeutsam sind. Sehr gute Hinweise zur Rolle und Ausübung von körperlicher Aktivität gibt es heute reichlich, etwa bei Krankenkassen[16] oder bei der Bundeszentrale für Gesundheitliche Aufklärung.[17] Es gibt zunehmend auch evidenzbasierte Trainingsangebote mit sehr hohem Alltagsbezug, d. h. man trainiert erfolgreich im Zuge seiner diversen Alltagsaktivitäten, also innerhalb des gewohnten eigenen Alltags (Clemson et al. 2018; kann kostenlos heruntergeladen werden)

Sich von negativen Altersstereotypen mit Macht abgrenzen: Geben Sie negativen Altersstereotypen keine Chance – lassen Sie negative Selbststereotypisierungen nicht zu, sie sind Gift für das Hegen und Pflegen von menschlichen Stärken. Wir haben in Zusammenarbeit mit anderen Kolleg:innen 2023 eine Meta-Analyse veröffentlicht (Westerhof et al. 2023), in der wir rund 100 Längsschnittstudien zusammenfassten, die etwas zur längerfristigen Auswirkung von negativen Altersselbstbewertungen aussagen konnten. Dabei zeigte sich recht eindeutig, dass negative Sichtweisen des eigenen Älterwerdens mit unguten Folgen vor allem im Bereich physischer und psychischer Gesundheit einhergehen. Es spricht auch nach entsprechenden statistischen Analysen einiges dafür, dass negative Alterssichtweisen gesundheitliche Einschränkungen nach sich ziehen – und nicht umgekehrt. Die „Pfade“, wie so etwas möglich sein kann, sind eigentlich gar nicht so überraschend (Abbildung 21).

---

16 Z. B. AOK: https://www.aok.de/pk/gesundheitskurse/bewegung/

17 https://www.aelter-werden-in-balance.de/atp/was-ist-atp/

Abbildung 21: Wie negative Bewertungen des eigenen Alterns auf unsere Gesundheit wirken (modifiziert nach Levy 2009)

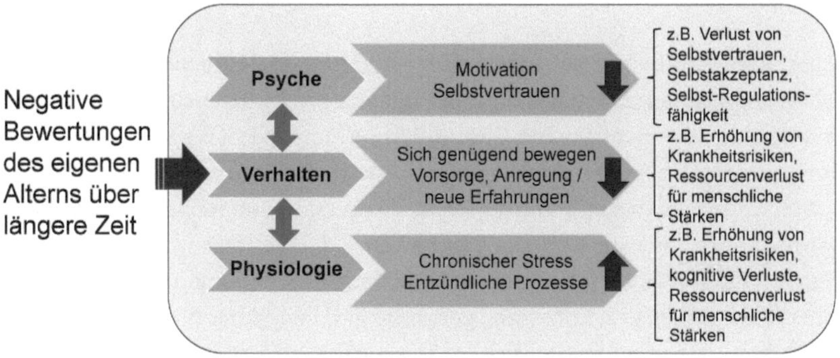

- Wenn wir uns als alternde Menschen andauernd wegen unseres Älterwerdens „runtermachen", so hat dies Auswirkungen auf unser Selbstbild: Wir trauen uns nicht mehr so viel zu, geben unnötig schnell auf, machen unser Alter dafür verantwortlich, wenn Dinge schiefgehen, und wir unsere Ziele nicht erreichen. Damit werden vor allem die menschlichen Stärken der Selbstregulation und der Selbstakzeptanz untergraben.
- Wenn wir uns als alternde Menschen andauernd wegen unseres Älterwerdens „runterziehen", verhalten wir uns auch anders. Wir bewegen uns weniger, wir investieren weniger in soziale Beziehungen, wir nehmen weniger Vorsorgeuntersuchungen in Anspruch, wir entziehen uns unnötigerweise selbst mögliche Anregungen und neuen Erfahrungen. Das ist alles Gift für unsere Gesundheit, unsere Funktionstüchtigkeit, unsere soziale Offenheit und für prosoziales Verhalten.
- Wenn wir uns als alternde Menschen andauernd wegen unseres Älterwerdens „quälen", dann führt dies zu Stress, der sich auch physiologisch auswirkt, z. B. in Form eines höheren Entzündungsrisikos, das wiederum die Entstehung von Krankheiten und Verlusten im körperlichen (z. B. Herz-Kreislauferkrankungen) und geistigen (z. B. Gedächtnisleistung) Leistungsbereich begünstigt und auch damit Ressourcen für menschliche Stärken abschneidet. Es ist klar, dass die Ebenen Psyche, Verhalten und Physiologie auch ineinander verwoben sind. So wirken sich eingetretene Verschlechterungen in der Gesundheit auch wiederum negativ auf die psychische Ebene aus. Es können Teufelskreise entstehen, die alles andere als förderlich für den Erhalt und die Entfaltung von menschlichen Stärken sind.

These 2: Wir können (sollten) uns gegenüber den Verlockungen / Versprechungen der „Anti-Aging Industrie" kritisch positionieren.

Sicher, wir selbst haben, wie bereits oben erwähnt, im Team mit internationalen Kolleg:innen in einer Meta-Analyse gezeigt, dass sich jünger zu fühlen mit guten Endpunkten wie einer besseren Gesundheit verbunden ist (Westerhof et al. 2023). Eine zu starke Übernahme des – leider ja weiter herrschenden – Jugendkults in unserer Gesellschaft kann aber auch die Expression von menschlichen Stärken spät im Leben untergraben. Die zweite Lebenshälfte stellt uns vor bestimmte „Entwicklungsaufgaben", wie der amerikanische Gerontologe der ersten Stunde, Robert Havighurst, es sehr treffend genannt hat (Havighurst 1972). Nur würde ich ergänzen wollen, dass menschliche Stärken wie Zielflexibilität, Selektivität und Selbstakzeptanz auch bei eintretenden Verlusten essenziell für die Bewältigung von Entwicklungsaufgaben sind. Ein zu starkes Festhalten an Jugendlichkeit und damit eine Ablehnung des Älterwerdens kann die Entfaltung dieser menschlichen Stärken eher verhindern und blockieren, zumindest aber erschweren. Machen wir Älteren es uns nicht unnötig schwer mit zu viel „Anti-Aging"!

These 3: Menschliche Stärken helfen uns, das Älterwerden selbst zu gestalten, zu bewältigen und Sinn zu generieren.

Die vorliegende alternspsychologische Literatur unterstützt recht konsistent, dass eine höhere Ausprägung der unterschiedlichsten menschlichen Stärken auch mit höherem Wohlbefinden und besserer Gesundheit einhergeht. Dies haben viele der oben zitierten Forschungs-Highlights gezeigt. Oft sind bei älteren Menschen diese Zusammenhänge sogar deutlich enger als bei jüngeren Menschen. Beispiele aus den „Forschungshäusern": Flexible Zielanpassung und Bescheidenheit in Zielformulierungen ist vor allem für ältere Menschen hilfreich, um Wohlbefinden zu erhalten (Brandtstädter & Renner 1990). Dankbarkeit scheint spät im Leben mit positiveren Lebensqualitätskonsequenzen verbunden zu sein als in jüngeren Jahren (Chopik et al. 2019), ebenso Achtsamkeit (Mahlo et al. 2021) und das Zurücknehmen von Kontrollbedürfnissen (Schilling et al. 2016). An diesem Punkt erkennt man auch, dass es gerade spät im Leben einen wichtigen Feedback-Prozess gibt: Je besser wir unsere Ressourcen erhalten können, desto eher haben menschliche Stärken die Chance, stabil zu bleiben bzw. sich weiter zu entfalten. Gelingt uns dies, wirken unsere menschlichen Stärken dann auch wieder zurück auf den Erhalt und die Stabilisierung unserer Ressourcen spät im Leben. Und immer so weiter …

These 4: Das bewusste Wahrnehmen und Erleben von menschlichen Stärken ist keine Beweihräucherung des Alters, sondern eine der besten Wege, Sinn bis zum Lebensende zu finden.

Bereits zu Anfang des Buches wurde gesagt, dass eine reine Abgrenzung vom Defizitbild des Älterwerdens nicht ausreicht, um Veränderungen zu bewirken. Das würde in eine Art „Altersneutralität" führen. Schrecklich! Stattdessen ist es die Aufgabe von uns älter werdenden Menschen, den sich durch menschliche Stärken öffnenden Raum auszudehnen, zu stabilisieren und zu gestalten. Viele von uns Älteren haben viel zu sagen – aber bitte nicht besserwisserisch, sondern in einem ausbalancierten Generationendialog, bei dem es kein gewissermaßen voreingestelltes „Richtig" oder „Falsch" gibt. Bieten wir uns an in den unterschiedlichsten Zusammenhängen (z.B. für die Klimabewegung, für Freiwilligenarbeit), aber drängen wir uns nicht auf.

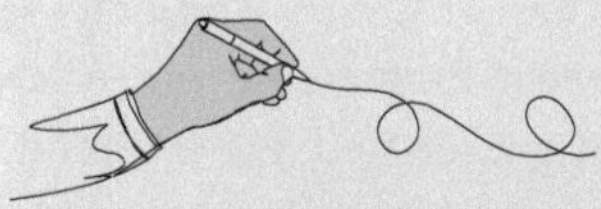

Kurz zusammengefasst: Viele Interventionsstrategien samt Präventionsverhalten zielen auf konkrete „Outcomes" wie Verbesserung von Gesundheit, Funktionstüchtigkeit und kognitive Gesundheit. Das ist gut. Es bleibt aber festzuhalten, dass all dies auch Ressourcenstärkung für die Stabilität und weitere Entfaltung von menschlichen Stärken bedeutet. Man könnte sagen: Alles, was Gesundheit, Selbständigkeit, kognitive Leistung und soziale Partizipation als konkrete Ziele unseres Versorgungssystems und Bemühungen der sozialen Integration unterstützt, sorgt auch dafür, dass menschliche Stärken so lange wie möglich erhalten bleiben.

8.2 Menschliche Stärken: Was sie für die Gesellschaft bedeuten

Individuelles und gesellschaftliches Tun sollte Hand in Hand gehen, sich gegenseitig befruchten und ergänzen. Das gilt auch für den Erhalt und die Förderung von menschlichen Stärken. Es spricht ja einiges dafür, dass unsere Gesellschaft, unsere Versorgungssysteme, unsere Arbeitswelt, die mit einer stark alternden Bevölkerung verbundenen Herausforderungen noch zu wenig beachten bzw. aufgreifen und gestalten. Vielleicht auch immer noch nicht verstanden hat.

These 1: Wir sind als Gesellschaft mitverantwortlich dafür, dass Ressourcen in der zweiten Lebenshälfte möglichst lange und möglichst weitgehend erhalten bleiben.

Hier geht es um möglichst effektive Präventionsangebote im Lebensverlauf, aber auch um optimale Behandlungs- und Lernangebote spät im Leben.

1. Wenn wir wissen (und wir wissen es evidenzbasiert!), dass primärpräventive Angebote sehr bedeutsam für unsere Gesundheit im höheren Lebensalter sind, dann muss Prävention in unserem Gesundheitssystem *über alle Lebensalter hinweg* einen nachhaltigen Stellenwert genießen.
2. Wenn wir wissen (und wir wissen es evidenzbasiert!), dass Ältere von guter Rehabilitation, stationär und mobil (ambulant), profitieren, dann müssen solche Programme bei allen Älteren, die einen Bedarf haben, zur Regelversorgung werden.
3. Wenn wir wissen (und wir wissen es evidenzbasiert!), dass Angebote wie Sturzpräventionstraining und Selbst-Management-Programme für Ältere, etwa nach einem Krankenhausaufenthalt, von großer und stabilisierender Bedeutung sind, dann müssen solche Angebote bei allen, die einen Bedarf haben, zur Regelversorgung werden. Aussagen wie „Oh, da kann ich Ihnen nicht weiterhelfen“ oder „Oh, ich weiß nicht, ob dies die Krankenkasse übernimmt“ müssen sehr rasch der Vergangenheit angehören. Das sind wir als Gesellschaft der zweiten Lebenshälfte schuldig.
4. Wenn wir wissen (und wir wissen es evidenzbasiert!), dass Unterstützungsprogramme für quantitativ bedeutsame Untergruppen von älteren Patienten sehr hilfreich sind, z. B. um Nebenwirkungen und Nachwirkungen der Erkrankung oder der manchmal notwendigen risikoreichen und aggressiven Behandlung zu vermeiden, dann müssen solche Angebote bei allen, die einen Bedarf haben, zur Regelversorgung werden. Zwei Beispiele sind hochwertige körperliche Trainings bei älteren Krebspatient:innen oder Orientierungs- und Mobilitätstrainings bei der Gruppe der Hochaltrigen mit schweren Sehverlusten.
5. Wenn wir wissen (und wir wissen es evidenzbasiert!), dass Psychotherapie auch mit Älteren, sogar im Pflegeheimkontext, funktioniert, dann müssen solche Angebote bei allen, die einen Bedarf haben, zur Regelversorgung werden. Gerade im Bereich von Angeboten zum Erhalt bzw. der Wiedergewinnung von psychischer Gesundheit bei älteren Menschen sind wir davon noch meilenweit entfernt. Stattdessen gibt es eine Situation der Unter- und Fehlversorgung (siehe auch Wahl 2017).
6. Wenn wir wissen (und wir wissen es evidenzbasiert!), dass prekäre materielle Lebensverhältnisse ältere Menschen selbst in hochentwickelten Gesellschaften wie der unsrigen dermaßen auf Grundbedürfnissicherung reduzieren,

dass nur noch wenig Entwicklungsraum für menschliche Stärken bleibt, dann müssen wir uns als Gesellschaft einfach nur noch schämen, dass wir dies so zulassen. Die Gegenbewegung muss bei der Vermeidung von Kinderarmut beginnen – völlig klar!

Wie sich oben bei der Erörterung zum Vierten Alter gezeigt hat, besteht eine besonders zentrale gesellschaftliche Herausforderung darin, die Erhaltung und Förderung menschlicher Stärken gerade in dieser das Leben beschließenden Entwicklungsphase ganz in den Fokus zu stellen. Paul Baltes und Jacqui Smith (2003) hatten ja völlig recht, als sie schrieben, dass in dem heute recht langen Lebensabschnitt der Hochaltrigkeit ein würdevolles Leben und ein würdevolles Ende in besonderer Weise gefährdet sind. Gleichzeitig gehört diese Lebensphase nun normativ zu unserem Leben; sie ist nicht nur einigen wenigen vorbehalten.

Zum einen sind da die demografischen Fakten: Gegenüber 1960 hat sich der Anteil der über 80-Jährigen an der Gesamtbevölkerung vervierfacht und betrug im Jahr 2021 7 %. In vierzig Jahren könnte tatsächlich *jede zehnte Person* in Deutschland 80 Jahre und älter sein.[18]

Zum anderen spitzt sich die Diskussion in Bezug auf die Notwendigkeit von Differenzierungen spät im Leben immer mehr dahingehend zu, dass das Vierte Alter zum „Buhmann" unserer ständig fortschreitenden Lebenserwartung wird. Das Dritte Alter ist die historisch gesehen große Erfolgsstory[19] unseres Immer-Älter-Werdens; das Vierte Alter wird als die unerwünschteste Lebensphase in der Moderne und Post-Moderne gesehen. Das Vierte Alter zieht die negativsten Sichtweisen zum Älterwerden wie in einem Brennglas auf sich: Verlust von Selbständigkeit, von geistiger Leistung, von Gesundheit, von geliebten Menschen, von so etwas wie „existenzieller Souveränität" ganz generell. Viele Menschen im Dritten Alter leben ihren oft sehr aktiven und reichhaltigen Alltag mit einem immer wieder aufblitzenden Damoklesschwert, was da noch auf sie wartet im Vierten Alter. So muss es aus meiner Sicht eine hohe Priorität unserer schnell alternden Gesellschaft sein, alles, aber auch wirklich alles für eine bestmögliche Erhaltung und Entfaltung von menschlichen Stärken auch im Vierten Alter zu unternehmen. Tun wir schon? Nein, keinesfalls. Und es kann dabei nur um eine mehrgleisige Sicht gehen. Die wichtigsten „Gleise" sind die folgenden:

1. *Gesellschaftliche Partizipation von hochaltrigen Menschen ist noch nicht ausreichend:* Es gibt leider immer noch nur wenig etablierte Möglichkeiten gesellschaftlicher Partizipation für Menschen im Vierten Alter. Hochaltrige Menschen werden zum Beispiel häufig wie selbstverständlich ausgeklammert,

18 https://www.demografie-portal.de/DE/Fakten/aeltere-bevoelkerung.html

19 Meines Wissens hat diese Begrifflichkeit ursprünglich Margret M. Baltes in den 1990er Jahren geprägt.

wenn es um digitale Kompetenzen oder Freiwilligenengagement geht. Die oben beschriebenen Modellprojekte, etwa zur Inter-Generationen-Begegnung, sind rühmliche Ausnahmen. Gesellschaftliche Partizipation bis zum Lebensende ist aber nicht nur eine wichtige politische Forderung und Handlung, sondern sie ist auch Anregung, Stimulation, eine Art „Training“, sie ist mobilitätsfördernd und fördert kognitive Reservekapazitäten. Sie fördert Ressourcen zum Erhalt menschlicher Stärken.

2. *Therapie und Rehabilitationspotenziale kommen bei hochaltrigen Menschen noch zu selten an:* Therapie- und Rehabilitationsmöglichkeiten sind heute im Rahmen der geriatrischen Versorgung durchaus vorhanden und für viele erreichbar. Das ist gut. Die Wahrscheinlichkeit aber, in den sehr unterschiedlich schwierigen Lebenslagen des Vierten Alters die jeweils bestmögliche und bestverfügbare Therapie und Rehabilitation mit der ganzen Bandbreite der gegebenen Möglichkeiten zu erhalten, ist für hochaltrige Menschen nach wie vor begrenzt. Ihre Wahrscheinlichkeit, zum Beispiel im Falle schwerer psychischer Probleme eine hochwertige Psychotherapie zu erhalten, ist um ein Vielfaches geringer als für einen jüngeren Menschen. Mit guter Evidenz versehene Angebote wie Sturzpräventionsprogramme oder sogenannte nicht-pharmakologische Trainingsprogramme erreichen die durchschnittlich hochaltrige Person in unserm Land praktisch (noch!) nicht.
3. *Kulturelle Muster des hohen Alters sind noch wenig ausgeformt:* Es existieren bislang wenig kulturell robuste Muster, wie man die Lebensphase der Hochaltrigkeit „richtig“ lebt. Solch kulturelle und allgemein anerkannte Muster dahingehend, wie man bestimmte Lebensphasen angehen könnte, was man tun, was man lassen sollte, welch unterschiedliche Wege zur Verfügung stehen, wären eine wichtige „Entwicklungshilfe“ in dieser Lebensphase. Sie geben uns Halt; wir können in diesen Pool von Zielen und Werten hineingreifen, etwas Passendes für uns herausholen. Wir wissen, das machen auch andere so – das ist hilfreich. Auf diese Weise lässt sich Sicherheit für das „richtige“ Leben in jedem Lebensstadium gewinnen. Das bedeutet keinesfalls Uniformität im sehr späten Leben, sondern gewissermaßen kontrollierte Vielfalt, wie wir sie auch aus allen anderen Lebensphasen kennen. Ein Beispiel: Ähnlich wie wir uns früh im Leben um Ausbildungsmöglichkeiten, also um unsere Zukunft, kümmern, könnte es durchaus hilfreich sein, wenn wir das Dritte Alter in stärkerem Maße als bisher auch als Chance begreifen würde, uns auf die Herausforderungen des Vierten Alters möglichst gut vorzubereiten. Fragen des angemessenen Wohnens in dieser Lebensphase sind beispielsweise oftmals prekär und Wohnentscheidungen sind oft schlecht vorbereitet. Die Übersiedlung in ein Pflegeheim z. B. geschieht immer noch nicht selten zufallsgesteuert, unvorbereitet, direkt vom Allgemeinkrankenhaus in die Institution. Mich macht dies sehr traurig. Es sollte in derartigen Bereichen viel bessere und überall erreichbare Informationsangebote geben, die Ältere dann in ganz

unterschiedlicher Weise für sich nutzen können. Dies alles hat nach meinem Eindruck das Dritte Alter zwischenzeitlich ganz gut geschafft, also sich in unserer Gesellschaft zu positionieren, nicht zuletzt als zahlungskräftige Klientel. Das Vierte Alter konnte hingegen bislang erst ansatzweise eine kulturelle Identität ausbilden.

Sicher sind die Erhaltung von Selbständigkeit, Lebensqualität und Selbstwertschätzung bei all diesen Strategien hochrangige Ziele. Mein Argument ist aber ergänzend: All diese Strategien dienen auch der Erhaltung menschlicher Stärken über das gesamte Leben hinweg bis zum Lebensende.

These 2: Wir sind als Gesellschaft mitverantwortlich dafür, dass die vorliegende Evidenz zu menschlichen Stärken spät im Leben das Altersbild unserer Gesellschaft weiter verbessert.

Auch wenn zunehmend politisch unkorrekt, so sind negative Altersbilder und Altersdiskriminierungen weiterhin existent – im alltäglichen Leben, im Arbeitsalltag, im Gesundheitssystem, als ältere Konsumentin oder älterer Konsument. Manche würden wohl sagen, Altersdiskriminierung ist leider die „letztverbliebene Bastion" von Diskriminierung, die noch als salonfähig gilt. Meine Hoffnung wäre, dass ein tentatives Gesamtbild menschlicher Stärken im höheren Lebensalter eine Art „Gestalt-Switch" bringen würde: Ältere haben nach all der vorliegenden Evidenz viel zu bieten – und dies in den unterschiedlichsten Bereichen unserer Gesellschaft. Insofern geht meine (bescheidene) Hoffnung dahin, dass wir mit der evidenzbasierten Anerkennung menschlicher Stärken entlang des gesamten Lebens in unserer Gesellschaft so schnell wie möglich eine *deutliche* Aufwertung der zweiten Lebenshälfte erreichen – auf allen möglichen Ebenen.

These 3: Die weitere Entwicklung unserer Gesellschaft und die heute noch mögliche Vermeidung einer vollständigen Klimakatastrophe kann/muss noch viel mehr von den menschlichen Stärken der zweiten Lebenshälfte profitieren.

Bedenkliche Entwicklungen, so erlebe ich es, beginnen langsam, aber sicher unsere Gesellschaft auszuhöhlen. Noch können die meisten von uns gut darüber hinweggehen – *wird schon nicht so schlimm sein*. Ich glaube, es ist allerhöchste Zeit, jetzt massiv gegenzusteuern: Gegen eine analog und digital geschaffene Lügenwelt, gegen Unachtsamkeit und Egozentrik, gegen massive und unangemessene Profitinteressen einzelner Branchen und Unternehmen, auch reicher Familien, gegen eine Klimakrisenverharmlosung. Das alles darf unsere Gesellschaft, Solidarität, Mitmenschlichkeit und letztlich Demokratie nicht kaputtmachen!

Nun glaube ich, und dies ist vielleicht das zentralste Argument dieses Buches, dass wir als Gesellschaft und als Individuen alles, aber auch wirklich alles, was wir an guten Vorbildern und reichhaltige Situationen des Lernens am Modell benötigen, nutzen müssen, um diese Gegensteuerung hinzubekommen. Das wiederum bedeutet, dass wir alles, aber auch wirklich alles, was uns hier an gesellschaftlichem „Haltungsreichtum" und „Input" zur Verfügung steht, aktivieren, nutzen und kultivieren müssen. Oder anders herum: Wir können und sollten es uns nicht leisten, dass wichtige „Vorbildschätze", die in unserer Gesellschaft noch stark und weitgehend ungenutzt vor sich hin schlummern, viel zu wenig abgerufen werden. Dass diese Vorbildschätze durchaus auch reichlich in der zweiten Lebenshälfte vorhanden sind, dies zu zeigen war das zentrale Ziel dieses Buches. Natürlich nicht nur, aber auch die zweite Lebenshälfte besitzt großes und bislang oft ungenutztes Potenzial, unsere Gesellschaft, auch den Umgang mit so manchen gesellschaftlichen Fehlentwicklungen, voranzubringen. Dies nicht zu nutzen ist gewissermaßen kulturell-gesellschaftliche und menschliche Ressourcenvergeudung!

Wir sprechen über 40 Millionen über 50-Jährige und fast 18 Millionen über 65-Jährige mitten in unserer Gesellschaft – sie sind überall, stehen uns gewissermaßen überall gegenüber als „du" und zu einem großen Teil sind sie dialogbereite Gesprächspartner:innen. Natürlich braucht es geeignete Formate – dazu These 4.

These 4: Es müssen neue Format zum gesellschaftlichen Teilen von menschlichen Stärken aktiv gesucht, experimentell ausprobiert, etabliert und eventuell auch wieder revidiert werden.

Wenn mein Argument stimmt, dass die menschlichen Stärken der zweiten Lebenshälfte für die weitere Entwicklung unserer Gesellschaft und ihre Zukunftsfähigkeit dringend gebraucht werden, dann benötigen wir stabile und nachhaltige Formate, um dies zunehmend zu ermöglichen. Ich sage nicht, dass wir hier nicht schon viel geschafft haben. Ja, auf jeden Fall: Seniorenräte, Seniorenvertretungen, die bereits erwähnte Bundesarbeitsgemeinschaft der Seniorenorganisationen und vieles mehr. Dennoch ist noch viel Luft nach oben.

1. *Alternde Arbeitswelt als Chance:* In der alternden Arbeitswelt müssen die menschlichen Stärken der älteren Arbeitnehmer:innen bewusst aufgenommen und umgesetzt werden. Oben wurde gezeigt, dass die oft zu findenden Vorurteile gegenüber älteren Arbeitnehmer:innen nach empirischen Untersuchungen völlig zu Unrecht weiter gepflegt werden. Unsere alternde Arbeitswelt hat auch Chancen bzw. die Stärken der Älteren im Job müssen unter allen Umständen gesehen und gefördert werden. Wir stehen nun einmal vor der demografischen Entwicklung einer schnell alternden Arbeitswelt; sie zu ignorieren wäre sträflich und schädlich. Ich bin mir vollkommen sicher, dass

noch vorhandene negative Alterssichtweisen in Unternehmen schon bald auf diese selbst negativ zurückschlagen werden. Sie werden geschäftsschädigend werden. Die heute bereits demografisch gut aufgestellten Unternehmen werden mittelfristig besser dastehen als jene, welche die anstehenden Gestaltungsaufgaben entweder verschlafen oder sich bewusst dagegen stemmen.

2. *Miteinander der Generationen zur Forcierung von klimaschützendem Verhalten:* Wir benötigen mehr Formen und Formate zur systematischen Förderung des Austauschs zwischen den Generationen. Ich bin z. B. der festen Meinung, dass vor allem jungen Menschen *und* Menschen der zweiten Lebenshälfte die Klimabewegung tragen und weiter voranbringen müssen. Wir brauchen hier den Enthusiasmus und die Kompromisslosigkeit der jungen Menschen *und* die menschlichen Stärken des höheren Lebensalters wie z. B. Lebensklugheit, Strategiewissen, Flexibilität in Zieldefinitionen ohne diese aufzugeben, Empathie und Generativität. Auch die Zeitressourcen für solches Engagement sind einfach im höheren Alter besser als in der „Rush Hour" des jungen und mittleren Erwachsenenalters. Und dies passt auch gut zu (auch in diesem Buch berichteten) empirischen Befunden, die zeigen, dass gerade junge Menschen und Ältere Werte, Einstellungen und auch Verhaltensweisen hochhalten, die wir für die Klimawende dringend benötigen. Ob wir dies nun „Grannies for Future" oder anders nennen, sei einmal dahingestellt. Das entscheidende Moment ist *„for Future"* – also Generativität mit durchaus unterschiedlichen Motivationen bei Jüngeren und Älteren zum Erhalt der Zukunftswelt. Die einen (Jüngeren) wollen ihre zukünftige Lebensqualität schützen, die anderen (Älteren) das, was nach ihnen kommt und auch das, was sie aufgebaut haben.
3. *Wahrnehmungsorte für menschliche Stärken:* Wir benötigen als Gesellschaft noch bessere Formate, um die menschlichen Stärken der Älteren prägnant wahrzunehmen, in Szene zu setzen, als reichhaltige Anregung und auch als „Kontrastprogramm" und Anreicherung der Meinungsvielfalt zu etablieren. Auch hier ist natürlich der Inter-Generationen-Diskurs überaus bedeutsam. So sollten aus meiner Sicht etablierte Bildungsinstitutionen beginnend mit Kindertagestätten über Grundschulen bis hin zu Abiturklassen, *auch* Berufsschulen, *auch* Fördereinrichtungen für Menschen mit Behinderungen, *auch* Universitäten *sowie* die Vielfalt an Weiterbildungseinrichtungen usw. den Inter-Generationen-Dialog als festen Bestandteil ihrer Bildungspläne pflegen. Das muss natürlich immer auch Wissen dahingehend sein, wie die heutige jüngere Generation und die heutige ältere Generation „ticken". Differenziertes Wissen zum demografischen Wandel muss in Curricula gegossen und in Lehrpläne aufgenommen werden. Dies müsste z. B. auch heute verfügbares Wissen aus Langzeitstudien beinhalten, das untermauern kann, dass risiko-

reiche Lebensstile im frühen Erwachsenenalter bis ins späte Leben hinein negative Wirkungen entfalten können. Die Vermittlung von Lebenslaufwissen, nicht von „Alterswissen“ ist das Gebot der Stunde.

Aber auch sogenannte informelle Lernformen sind wichtig, ganz banal: Sich von früh auf ausreichend und gut kennenlernen als Generationen, früh lernen, wie sich die Generationen verbinden und verbünden können, um die neuen Chancen für unser Gemeinwesen lebendig werden zu lassen, wenn ab etwa 2050 jede dritte Person über 65 Jahre alt sein wird. Narrative sind überaus wichtig. So sind in Deutschland beispielsweise immer das Wissen und die Erfahrungen in Bezug auf die Zeit des Nationalsozialismus' zentral: Wie wird dieses Wissen heute abgebildet – bei den älteren und den jüngeren? Was kann heute dazu gelernt werden auf beiden Seiten? Aber es geht auch um andere Erfahrungen der Generationen, etwa die 1960er Jahre mit dem Entstehen der Popmusik, die Studentenrevolte in den 1960er und 1970er Jahren, also die Erfahrungen der „68-er Generation“ oder die besonderen Erfahrungen der Generation Z, der etwa zwischen Ende der 1990er Jahre und 2010 Geborenen.

Es gilt auch, neue Wege zu ebnen, um die traditionelle Lebensablaufgestalt von Bildung, Arbeit und Freizeit aufzubrechen. Die ältere Generation kann einbringen, was mit diesem „Normlebenslauflauf“ alles zu gewinnen war (und ist), aber auch mit welchen Kosten; die Jüngeren können ihre Bedürfnisse etwa in Bezug auf eine neue, weniger übergriffige Rolle von Arbeit im Leben an diesen Erfahrungen messen. Als Ältere zu sagen, dass dies ja nicht gehen kann und wird, dass nun die Faulheit Einzug in ein „Leistungsland“ halten wird, hat aus meiner Sicht nichts, aber auch gar nichts mit den menschlichen Stärken des höheren Alters zu tun, um die es mir in diesem Buch geht. Da muss es um offenes Denken „ohne Geländer“ (Hannah Arendt) gehen, und nicht um besserwisserische Vermittlung oder gar engstirniges Bestehen auf der eigenen Norm als absolute Wahrheit. Beschädigen wir als Ältere nicht den immer besseren Ruf der Älteren.

Das alles sind keine Patentlösungen. Wir sind beim jetzigen Stand der kulturellen Entwicklung der zweiten Lebenshälfte einschließlich der Lebensphase Alter aus meiner Sicht *jetzt* aufgerufen, noch viel experimentierfreudiger zu werden. Und dann können wir in fünf bis zehn Jahren eine erste Bilanz ziehen. Und das übernehmen und weiter gestalten, was gut lief, und das wieder hinter uns lassen, was nicht so gut lief oder verpuffte. Warum nicht? Eine moderne alternde Gesellschaft braucht solch experimentelle Formate; wir können vieles als Gesellschaft gar nicht wissen, nicht aus der Vergangenheit ableiten. Dieses Wissen, diese Erfahrungen müssen erst generiert werden.

These 5: Altersgrenzen verhindern die volle Entfaltung menschlicher Stärken spät im Leben

Ein banal-konkretes Thema will ich am Ende des Buches noch erwähnt haben. Die Zeit der sogenannten Altersgrenzen spät im Leben sollte in unserem Rechtssystem vorbei sein. Nur aufgrund des chronologischen Alters Kompetenzzuschreibungen vorzunehmen und damit älteren Menschen Entfaltungsmöglichkeiten zu nehmen ist zutiefst diskriminierend. Wenn ich zum Beispiel Begründungen dazu lese, warum die Altersgrenze von 70 Jahren weiterhin für die Schöffentätigkeit angeblich ihre Berechtigung besitzt, zweifle ich doch an den menschlichen Stärken der sich öffentlich so positionierenden (nicht selten älteren) Akteur:innen. Weitere Beispiele finden sich im Bereich von Kreditvergaben. Auch Altersgrenzen für das Berufsende werden / müssen sich verändern und deutlich flexibler werden. Unsere zukünftigen Lebensverläufe werden sich anders darstellen: Es wird in zukünftigen Erwerbsbiografien Zeiten von harter Arbeit, aber auch von Sabbat-Jahren, Zeiten intensiv-neuer berufsbezogener Bildungsperioden mitten und sogar spät im Leben geben, vielleicht auch noch mit 60 oder 70 Jahren, das Beschreiten von neuen Berufswegen nochmals spät in der zweiten Lebenshälfte – und Freizeit und Abstand vom Job auch schon einmal mit 35 oder 45 Jahren. Freuen wir uns drauf.

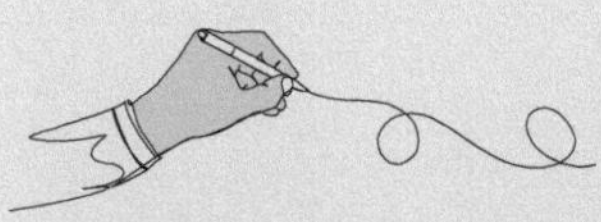

Kurz zusammengefasst: Wir müssen die menschlichen Stärken der zweiten Lebenshälfte als bislang unterschätzte Produktivkraft viel besser in unsere Gesellschaft des langen Lebens einbringen. Wir können es auch bleiben lassen. Die Älteren selbst werden ihre neuen Rollen immer heftiger einfordern; sie wollen ihre menschlichen Stärken nachhaltig einbringen in den unterschiedlichsten gesellschaftlichen Bereichen. Wir werden eine Graswurzelbewegung, von den Älteren ausgehend, sehen, die unser Gemeinwesen verändern wird – das macht mir Mut. Noch einmal: Freuen wir uns darauf.

8.3 Schlussgedanken und ein letzter Gesamtblick

Nimmt man die Dinge dieses Buches zusammen, so entsteht ein Bild von Reichhaltigkeit an menschlichen Stärken in der zweiten Lebenshälfte, das durchaus das Zeug dazu hat, unsere Gesellschaft nachhaltig zu verändern, zu befruchten und voranzubringen, ja, auch Schaden von ihr abzuwenden.

Ich möchte dies ein letztes Mal illustrieren mit einem Gesamtüberblick der im Buch herangezogenen Studien-Highlights und ihren Titeln verdeutlichen:

Selbstregulation und Mäßigung

1: Im Leben auf das setzen, was möglich ist.
2: Flexibles Dranbleiben an Lebenszielen.
3: Menschliche Entwicklung als gekonnte Zielveränderung.
4: Adieu – Loslassen ohne unterzugehen.
5: Kontrolle bewahren und gleichzeitig abgeben.
6: Es geht auch anders als gewohnt.
7: Verdichtung der eigenen Lebenswelt als Hilfe.
8: Mit den Herausforderungen des Älterwerdens psychisch wachsen.
9: Stress, lass' nach, wenn ich älter werde.
10: Ich nehme mich so wie ich bin.
11: Kein Fähnchen im Wind in emotionalen Lebensstürmen.
12: Alles gut – (fast) egal was kommt.
13: Carpe diem – Genieße den Tag.
14: Emotionale Intensität versus Information und Wissen.

Humanität und Sorge für die Mitwelt

15: Soziales Miteinander zählt.
16: Wir kriegen's gemeinsam hin.
17: Verträglich und sorgsam sein.
18: Ich spüre, was in dir vor sich geht.
19: Es ist erfüllend, anderen zu helfen.
20: Helfen und Biologie – der Fall Oxytocin.
21: Ältere pflegen andere Ältere.
22: Für andere was tun ohne Gegenleistung.
23: „Grannies for Future".
24: Abgeben gibt mir was.
25: Materielles für die nächsten Generationen.

Lebenswissen und Lebensklugheit

26: Die zweite Lebenshälfte wird immer schlauer und „stärker“.
27: Wissen, wie die Welt funktioniert.
28: Stolz auf eigene Spezialleistungen.
29: Gefühle gut verstehen.
30: Zusammen geistig besser sein.
31: Bessere Erzähler:innen werden.
32: Noch ziemlich voll auf der Höhe im Job.
33: Rolle von Berufserfahrung nicht zu unterschätzen.
34: Sich im Arbeitsleben immer wieder neu orchestrieren.
35: Die Mischung macht's – Generationenteams in der Arbeitswelt.
36: Potenziale von Arbeitnehmer:innen in der Rundumsicht.
37: Ein Stück weiser werden ohne abzuheben.
38: Sich das Leben nicht unnötig schwermachen.
39: Vorsicht ist die Mutter der Porzellanliste.
40: Lachend älter werden.

Mut in herausfordernden Situationen

41: Meistens erfolgreich durch dick und dünn.
42: Leben auch als Gewinn bis zum Lebensende.
43: Selbst schwere Verluste ein Stück gestalten.
44: Ich fühle mich jünger als ich bin.
45: COVID-19 hat alle einsamer gemacht – nicht nur die Älteren.
46: Ältere haben insgesamt COVID-19 psychisch besser überstanden.
47: In der stationären Langzeitpflege war bei COVID-19 alles anders.
48: Altersdiskriminierung in der COVID-19 Pandemie relativ folgenlos.

Gerechtigkeit, gutes Urteilen und Interessensausgleich

49: Glaube an eine gerechte Welt.
50: Sensibel für Ungerechtigkeit.
51: In moralischen Dingen konsequenter.
52: Mein Gehirn blinkt positiv.
53: Gehirnausschläge bei Mildtätigkeit.
54: Rachegedanken im Leben im Zaum halten.
55: Frieden wird im Alter bedeutsamer.
56: Sehnsucht nach Besserem.

57: Wichtig ist auch, was nach mir kommt.
58: Einfach da sein.
59: Ganz schön intensives Großelterndasein.
60: So engagiert wie immer – trotz COVID-19.
61: Eine gute Dosis Generationenmiteinander hat positive Wirkungen.
62: Wir werden spiritueller.
63: Neue Maßstäbe im späten Leben.
64: Mitten im Leben vom Tod umgeben – Ja und Nein.
65: Danke, dass ich leben durfte.

Ich finde, diese vielleicht auf den ersten Blick etwas „mächtige“ Zusammenstellung spricht absolut für sich. Gehen Sie nochmals durch, wenn Sie mögen. Lassen Sie sie die einzelnen Elemente auf sich wirken. Ich finde, nach all diesen Grundlagen von menschlichen Stärken zu streben tut uns allen gut. Und Älterwerden ist kein Hinderungsgrund, im Gegenteil – Bei vielen dieser Elemente von menschlichen Stärken fahren wir die Ernte erst in der zweiten Lebenshälfte ein!

Beenden möchte ich dieses Buch mit einem Zitat, das aus einem ganz anderen Zusammenhang kommt, nämlich dem der Musik, und dessen Aussage sehr schön dieses Buch ausklingen lassen kann. Ich habe es der Beschreibung des Klavierspiels von Igor Levit auf seiner CD „Encounter“ (2020) und dem dazu verfassten Text von Anselm Cybisnki[20] entnommen (S. 6, eigene Zählung, da keine Seitennummerierung) und nur nach dem Wort „Aktivität“ die beiden Worte „der Musik“ weggelassen. Wir können die so entstehende Aussage sehr gut, wie ich finde, auf die Stärken der zweiten Lebenshälfte anwenden, ohne ihre sicher auch vorhandenen Verletzlichkeiten zu vernachlässigen: „Die physische Aktivität nimmt sukzessive ab, die Ereignisdichte lichtet sich, die Horizonte werden weiter.“ Wir können aber auch die Lebenslauf- und Alternspsychologie noch ein letztes Mal mit einem ihrer gewichtigen Vertreter, P. B. Baltes, zu Wort kommen lassen:

> *„Gutes Altern ist also nicht nur ein Grimmsches Märchen, wenn es auch gegenwärtig gerade im hohen Alter, im vierten Lebensalter, noch weitgehend Hoffnungscharakter hat. Es geht darum, die Stärken und die Schwächen des Alters gleichzeitig im Auge zu behalten und dies nicht nur als Negativspannung zu ertragen, sondern konstruktiv durch eine neue Lebensstrategie zu gestalten.“ (1997, S. 188)*

Die Stärken der zweiten Lebenshälfte deutlich zu fokussieren, ohne dabei ihre Schwächen zu ignorieren, bietet also ein stabiles Fundament für eine gelungene positive Alternspsychologie.

20 Siehe auch: https://de.wikipedia.org/wiki/Anselm_Cybinski

Zitierte Quellen

Allgemeine Literatur

Das ist die im Buch allgemein zitierte Literatur. Sie ist nach Möglichkeit, aber nicht immer, in deutscher Sprache gehalten. Viele dieser Arbeiten sind auch in öffentlichen Bibliotheken zugänglich. Relativ leicht zu lesende Arbeiten zur Vertiefung sind mit einem „*“ gekennzeichnet.

Albert, H. (1971). *Plädoyer für einen kritischen Rationalismus*. München: Piper.

Almeida, D. M., Charles, S. T., Mogle, J., Drewelies, J., Aldwin, C. M., Spiro, A. & Gerstorf D. (2020). Charting adult development through (historically changing) daily stress processes. *American Psychologist, 75*, 511–524. doi: 10.1037/amp0000597. PMID: 32378946

Aspinwall, l. G. & Staudinger, U. M. (2003). A psychology of human strengths. Washington: American Psychological Association.

*Baltes, M. M. & Carstensen, L. L. (1996). Gutes Leben im Alter: Überlegungen zu einem prozeßorientierten Metamodell erfolgreichen Altern. *Psychologische Rundschau, 47*, 199–215.

*Baltes, P. B. (2005). *Zukunft ist Alter*. Vortrag gehalten am 24. April 2005, Zürich, Schauspielhaus (zugänglich via Internet).

*Baltes, P. B. (1997). *Altern in Leidenschaft: Ein schwieriges viertes Lebensalter?* In: Berichte und Abhandlungen / Berlin-Brandenburgische Akademie der Wissenschaften (vormals Preußische Akademie der Wissenschaften). Band 3 (S. 159–193).

Baltes, P. B. & Baltes, M. M. (1990). Psychological perspectives on successful aging: The model of selective optimization with compensation. In P. B. Baltes & M. M. Baltes (Eds.), *Successful aging: Perspectives from the behavioral sciences* (pp. 1-34). New York, NY: Cambridge University Press.

*Baltes, P. B. (1996). Über die Zukunft des Alterns: Hoffnung mit Trauerflor. In M. M. Baltes & L. Montada (Hrsg.), *Produktives Leben im Alter* (S. 29–71). Frankfurt am Main: Campus.

Baltes, P. B., Smith, J. (2003). New frontiers in the future of aging: From successful aging of the young old to the dilemmas of the fourth age. *Gerontology, 49*, 123–35. doi:10.1159/000067946

*Beauvoir, S. de (1977). *Das Alter*. Reinbek bei Hamburg: Rowohlt.

Benzinger, P., Wahl, H.-W., Bauer, J., Keilhauer, A., Dutzi, I. & Denninger, N. E. (in Druck). Consequences of contact restrictions for long-term care residents during the first months of the COVID-19 Pandemic – A scoping Review. *European Journal of Ageing*.

*Brandt, H. (2002). *Wird auch silbern mein Haar*. München: C.H. Beck.

Bühler, C. (1933). *Der menschliche Lebenslauf als psychologisches Problem*. Leipzig: Hirzel.

Diehl, M. K. & Wahl, H.-W. (2020). *The psychology of later life: A contextual perspective*. Washington: American Psychological Association Books.

*Carstensen, L. L. (2006). The influence of a sense of time on human development. *Science, 312*, 1913–1915. http://dx.doi.org/10.1126/science.1127488

*Clemson, L., Munro, J., Singh, M. F., Schwenk, M., Becker, C. (2018). *Aktiv und sicher durchs Leben mit dem LiFE Programm*. Berlin: Springer.

*Erikson, E. H. (2005). *Kindheit und Gesellschaft* (14. Auflage 2005, nach der 13. durchgesehenen Auflage 1999). Stuttgart: Klett-Cotta (Original „Childhood and Society“, 1950).

*Filipp, S.-H. & Aymanns, P. (2018). *Kritische Lebensereignisse und Lebenskrisen. Vom Umgang mit den Schattenseiten des Lebens* (2., aktualisierte Auflage). Stuttgart: Kohlhammer.

*Flammer, A. (2017). *Entwicklungstheorien. Psychologische Theorien der menschlichen Entwicklung* (5. Unveränderte Auflage). Bern: Hogrefe.

Fung, H. H. & Jiang, D. (2016). Cross-cultural psychology of aging. In K. W. Schaie & S. L. Willis (Eds.), *Handbook of the psychology of aging* (8 ed., pp. 323–337). London: Academic Press (Elsevier).

*Gellert, P. & Wahl, H.-W. (Hrsg.) (2024). Interventionsgerontologie. 100 Schlüsselbegriffe für Forschung, Lehre und Praxis. Stuttgart: Kohlhammer.

Gerstorf, D., Ram, N., Estabrook, R., Schupp, J., Wagner, G. G., Lindenberger, U. (2008). Life satisfaction shows terminal decline in old age: Longitudinal evidence from the German Socio-Economic Panel Study (SOEP). *Developmental Psychology, 44*, 1148–1159.

Han, Byung-Chul (2002). Philosophie des Zen-Buddhismus. Leipzig: Reclams Universal-Bibliothek.

Hart, W., Cease, C. K., Lambert, J. T., Witt, D. E., Hall, B. T. & Breeden, C. J. (2024). The Capone hypothesis: Do antagonistic individuals view themselves as more good than evil? *Personality and Individual Differences, 216*, 112426, https://doi.org/10.1016/j.paid.2023.112426.

Havighurst, R. J. (1948/1972). Developmental tasks and education. New York: MacKay.

*Helmchen, H., Baltes, M. M., Geiselmann, B., Kanowski, S., Linden, M., Reischies, F., Wagner, M. & Wilms, H.-U. (2010). *Psychische Erkrankungen im Alter*. In U. Lindenberger, J. Smith, K. U. Mayer & P. B. Baltes (Hrsg.), *Die Berliner Altersstudie* (3. erweiterte Auflage, S. 209–244). Berlin: Akademie Verlag.

*Hertzog, C., Kramer, A. F., Wilson, R. S. & Lindenberger, U. (2009). Enrichment effects on adult cognitive development: can the functional capacity of older adults be preserved and enhanced? *Psychological Science in the Public Interest, 9*, 1–65. doi: 10.1111/j.1539-6053.2009.01034.x

*Karl, F. (2023). *Zwei Weltkriege überleben und alt werden. Determinanten des langen Lebens im Alter*. Weinheim, Basel: Beltz Juventa.

*Kohlberg, L. (1996). Die Psychologie der Moralentwicklung. Frankfurt am Main: Suhrkamp.

*Kruse, A. (2017). Lebensphase hohes Alter. Verletzlichkeit und Reife. Heidelberg: Springer.

*Kruse, A. (2023). *Leben in wachsenden Ringen. Sinnerfülltes Alter*. Stuttgart: Kohlhammer.

*Laslett, P. (1995). *Das Dritte Alter – historische Soziologie des Alterns*. Weinheim, München: Juventa.

Labouvie-Vief, G. (1994). *Psyche and Eros: Mind and gender in the life course*. Cambridge: Cambridge University Press.

Lachman, M. E., Teshale, S. & Agrigoroaei, S. (2015). Midlife as a pivotal period in the life course: Balancing growth and decline at the crossroads of youth and old age. *International Journal of Behavioral Development, 39*, 20–31. doi: 10.1177/0165025414533223

*Lang, F. R. & Baltes, M. M. (1997). Brauchen alte Menschen junge Menschen? Überlegungen zu den Entwicklungsaufgaben im hohen Alter. In L. Krappmann & A. Lepenies (Eds.), *Alt und Jung: Spannung und Solidarität zwischen den Generationen* (pp. 161–184). Frankfurt am Main: Campus Verlag.

Lerner, R. M. & Busch-Rossnagel, N. A. (Eds.). (1981). *Individuals as producers of their development: A life-span perspective*. New York, NY: Academic Press.

Levy, B. R. (2009). Stereotype embodiment: A psychosocial approach to aging. *Current Directions in Psychological Science, 18*, 332–336. doi: 10.1111/j.1467-8721.2009.01662.x

Mather, M. (2016). The affective neuroscience of aging. *Annual Review of Psychology, 67*, 213–238.

*Merton, R. (1948). The self-fulfilling prophecy. *The Antioch Review, 8*, 193–210. http://dx.doi.org/10.2307/4609267

Mustafić, M. & Freund, A. M. (2013). Age-related differences in evaluating developmental stability. *International Journal of Behavioral Development, 37* (4), 376–386. https://doi.org/10.1177/0165025413490866

Pinquart, M. & Wahl, H.-W. (2021). Subjective age from childhood to advanced old age: A meta-analysis. *Psychology and Aging,* 36, 394–406. https://doi.org/10.1037/pag0000600

*Robert-Koch-Institut (2010). Zahlen und Trends aus der Gesundheitsberichterstattung des Bundes (GBE Kompakt, 5/2010). https://www.rki.de/DE/Content/Gesundheitsmonitoring/Gesundheitsberichterstattung/GBEDownloadsK/2010_5_Armut.pdf?__blob=publicationFile. Download am 27.06.2020.

*Rosenmayr, L. (1983). *Die späte Freiheit. Das Alter, ein Stück bewusst gelebten Lebens.* München: Severin & Siedler.

Ryff, C. D. & Keyes, C. L. M. (1995). The structure of psychological well-being revisited. *Journal of Personality and Social Psychology, 69,* 719–727. doi: 10.1037/0022-3514.69.4.719

Seilbeck, C & Langmeyer, A. (2018). Ergebnisse der Studie „Generationsübergreifende Zeitverwendung: Großeltern, Eltern, Enkel". Deutsches Jugendinstitut e. V. https://www.dji.de/fileadmin/user_upload/bibs2018/WEB_DJI_GenerationZeit.pdf (Abruf: 09.01.2024).

*Seligman, M. E. P., Steen, T. A., Park, N. & Peterson, C. (2005). Positive psychology progress: Empirical validation of interventions. *American Psychologist, 60* (5), 410–421. https://doi.org/10.1037/0003-066X.60.5.410

*Schmitt, M. & Montada, L. (Hrsg.) (1999). *Gerechtigkeitserleben im wiedervereinigten Deutschland.* Opladen: Leske + Budrich.

*Sen, A. (2020). *Ökonomie für den Menschen: Wege zu Gerechtigkeit und Solidarität in der Marktwirtschaft.* München: Hanser.

Settersten, R. A. (2003). Propositions and controversies in life-course scholarship. In R. A. Settersten (Ed.), *Invitation to the life course: Toward new understandings of later life* (pp. 15–45). Amityville, NY: Baywood.

*Simonson, J., Kelle, N., Kausmann, C. & Tesch-Römer, C. (Hrsg.) (2022). *Freiwilliges Engagement in Deutschland. Der Deutsche Freiwilligensurvey 2019.* Wiesbaden: Springer VS.

Simonson, J., Wünsche, J. & Tesch-Römer, C. (Eds.) (2023). *Ageing in Times of the COVID-19 Pandemic.* Wiesbaden: Springer VS. doi.org/10.1007/978-3-658-40487-1

*Sontag, S. (1972). The double standard of aging. *The Saturday Review, September 23,* 29–38.

*Sonntag, K.-H. & Wahl, H.-W. (2022). *Studienbrief: Gerontopsychologie. Arbeit im Alter.* Hamburger Fern-Hochschule.

*Staudinger, U. M. (1990). Lebensrückblick: Ein Weg zur Weisheit? *Psychologie Heute, 17,* 60–64.

*Staudinger, U. M. (2005). Lebenserfahrung, Lebenssinn und Weisheit. In S.-H. Filipp & U. M. Staudinger (Hrsg.), *Entwicklungspsychologie des mittleren und höheren Erwachsenenalters. Enzyklopädie der Psychologie, Bd. 6* (S. 740–763). Göttingen: Hogrefe.

*Staudinger, U. M. & Greve, W. (2001). Resilienz im Alter. In Deutsches Zentrum für Altersfragen (Hrsg.), *Personale, gesundheitliche und Umweltressourcen im Alter. Expertisen zum Dritten Altenbericht der Bundesregierung – Band 1* (S. 95–144). Opladen: Leske + Budrich.

*Staudinger, U. M. & Kessler, E.-M. (2018). Produktives Leben im Alter. In W. Schneider & U. Lindenberger (Oerter/Montada), *Entwicklungspsychologie* (8. Auflage, S. 761–776). Weinheim, Basel: Beltz.

*Tesch-Römer, C. (2010). *Soziale Beziehungen alter Menschen.* Stuttgart: Kohlhammer.

Tornstam, L. (2005). *Gerotranscendence. A developmental theory of positive aging.* New York: Springer.

Vaillant, G. E. (2002). *Aging well: Surprising guideposts to a happier life from the landmark Harvard Study of Adult Development.* Boston: Little, Brown and Company.

*Wahl, H.-W. (2017). *Die neue Psychologie des Alterns. Überraschende Erkenntnisse über unsere längste Lebensphase.* München: Kösel Verlag (Random House).

*Wahl, H.-W. (2023a). Leitvorstellungen vom hohen Alter im Realitätscheck: Verlust versus Gewinn oder beides? In: Bröckerhoff, P., Kaspar, R., Hansen, S., Woopen, C. (Hrsg.). *Normenwandel in der alternden Gesellschaft*. Schriften zu Gesundheit und Gesellschaft – Studies on Health and Society, vol 7 (S. 3–18). Berlin, Heidelberg: Springer. https://doi.org/10.1007/978-3-662-65918-2_1

Wahl, H.-W. (2023b). Three key longings of humankind related to aging seen through the lenses of contemporary gerontology: Eternal youth, immortality, and wisdom. In C. A. Neumann (Ed.), *Old age before modernity. Case studies and methodological perspectives, 500 BC – 1700 AD* (S. 33–58), Heidelberg (Online-Schriften des DHI Rom. Neue Reihe | Pubblicazioni online del DHI Roma. Nuova serie 8).

*Wahl, H.-W. (2023c). *Psychologie für die Arbeit mit Menschen höheren Lebensalters*. Reihe „Psychologie für Soziale Berufe“ (hrsg. von Eva Wunderer & Christiane Heigermoser). Weinheim, Basel: Beltz Juventa.

Westerhof, G. J., Nehrkorn-Bailey, A. M., Tseng, H.-Y., Brothers, A., Siebert, J. S., Wurm, S., Wahl. H.-W., Diehl, M. (2023). Longitudinal effects of subjective aging on health and longevity: An updated meta-analysis. *Psychology and Aging*. Published online. https://doi.org/10.1037/pag0000737

Wettstein, M., Schilling, O. & Wahl, H.-W. (2016). Still feeling healthy after all these years: The paradox of subjective stability versus objective decline in very old adults' health and functioning across five years. *Psychology and Aging, 31*, 815–830. http://doi.org/10.1037/pag0000137

Eher technische Spezialliteratur: die „Forschungs-Highlights“ im Original

Dies ist Literatur, die nicht so ohne Weiteres „leicht verdaulich“ ist. Sie ist häufig in englischer Sprache, sehr dicht und mit vielen Fachtermini gespickt, auch oft mit technischer Methodeninformation versehen, die man ohne eingehende Fachkenntnisse nicht verstehen kann. Auch ist so manches nicht direkt herunterzuladen, sondern nur über Spezialbibliotheken zugänglich. Diese Arbeiten sind das empirische Fundament meiner Argumentation aus den „Forschungshäusern“ und deshalb sollen Sie alle zitierten Arbeiten vor Augen haben und grundsätzlich auch erreichen können. Keine soll sich im „Elfenbeinturm“ verstecken. Entscheiden Sie selbst, ob Sie tiefer in diese Spezialliteratur eintauchen möchten. Die leichter verständlichen Arbeiten sind mit einem „*“ markiert, auch wenn sie keine „leichte Kost“ darstellen.

Almeida, D. M., Rush, J., Mogle, J., Piazza, J. R., Cerino, E. & Charles, S. T. (2023). Longitudinal change in daily stress across 20 years of adulthood: Results from the national study of daily experiences. *Developmental Psychology, 59* (3), 515–523. https://doi.org/10.1037/dev0001469

Adams, C., Smith, M. C., Pasupathi, M. & Vitolo, L. (2002). Social context effects on story recall in older and younger women: Does the listener make a difference? *The Journals of Gerontology: Series B: Psychological Sciences and Social Sciences, 57* (1), P28–P40. https://doi.org/10.1093/geronb/57.1.P28

*Ardelt, M., Pridgen, S., Nutter-Pridgen, K. L. (2018). The relation between age and three-dimensional wisdom: Variations by wisdom dimensions and education, *The Journals of Gerontology: Series B*, 73, 1339–1349. https://doi.org/10.1093/geronb/gbx182

Baird, B. M., Lucas, R. E. & Donnellan, M. B. (2010). Life satisfaction across the lifespan: Findings from two nationally representative panel studies. *Social Indicators Research, 99*, 183–203. doi: 10.1007/s11205-010-9584-9

*Beierlein, C., Baumert, A., Schmitt, M., Kemper, C. J., Kovaleva, A., Rammstedt, B. (2012). *Kurzskalen zur Messung der Ungerechtigkeitssensibilität. Die Ungerechtigkeitssensibilitäts-Skalen 8 (USS-8)*. Gesis. Working Papers (2012–21).

*Benzinger, P., Wahl, H.-W., Bauer, J., Keilhauer, A., Dutzi, I. & Denninger, N. E. (2023). Consequences of contact restrictions for long-term care residents during the first months of the COVID-19 Pandemic – A scoping Review. *European Journal of Ageing*. Open Access. https://doi.org/10.1007/s10433-023-00787-6

Blazer, D. G. (2003). Depression in late life: Review and commentary, *The Journals of Gerontology: Series A, 58*, M249–M265. https://doi.org/10.1093/gerona/58.3.M249

Börsch-Supan, A. & Weiss, M. (2016). Productivity and age: Evidence from work teams at the assembly line. *The Journal of the Economics of Ageing, 7*, 2016, 30–42, https://doi.org/10.1016/j.jeoa.2015.12.001.

*Brandtstädter, J. (2007). *Das flexible Selbst*. Heidelberg: Springer.

Brandtstädter, J. & Renner, G. (1990). Tenacious goal pursuit and flexible goal adjustment: Explication and age-related analysis of assimilative and accommodative strategies of coping. *Psychology and Aging, 5*(1), 58-67. doi:10.1037/0882-7974.5.1.58.

Brandtstädter, J., Rothermund, K., Kranz, D. & Kühn, W. (2010). Final decentrations: Personal goals, rationality perspectives, and the awareness of life's finitude. *European Psychologist, 15*, 152–163. doi:10.1027/1016-9040/a000019

Bühler, J. L., Krauss, S. & Orth, U. (2021). Development of relationship satisfaction across the life span: A systematic review and meta-analysis. *Psychological Bulletin, 147*, 1012–1053. https://doi.org/10.1037/bul0000342

*Bünning, M., Ehrlich, E., Behaghel, F. & Huxhold, O. (2021). *Enkelbetreuung während der Corona. Pandemie*. Berlin: Deutsches Zentrum für Altersfragen. dza aktuell. Heft 07/2021Chopik, W. J. (2017). Death across the lifespan: Age differences in death-related thoughts and anxiety. *Death Studies, 41*, 69–77. doi: 10.1080/07481187.2016.1206997

Chopik, W. J., Newton, N. J., Ryan, L. H., Kashdan, T. B. & Jarden, A. J. (2019). Gratitude across the life span: Age differences and links to subjective well-being. *Journal of Positive Psychology, 14*, 292–302. doi: 10.1080/17439760.2017.1414296

*Drewelies, J., Huxhold, O. & Gerstorf, D. (2019). The role of historical change for adult development and aging: Towards a theoretical framework about the how and the why. *Psychology and Aging, 34* (8), 1021–1039. https://doi.org/10.1037/pag0000423

Gerstorf, D., Hülür, G., Drewelies, J., Eibich, P., Duezel, S., Demuth, I., Ghisletta, P., Steinhagen-Thiessen, E., Wagner, G. G. & Lindenberger, U. (2015). Secular changes in late-life cognition and well-being: Towards a long bright future with a short brisk ending? *Psychology and Aging, 30* (2), 301–310. https://doi.org/10.1037/pag0000016

*Höpflinger, F., Hummel, C. & Hugentobler, V. (2006). *Enkelkinder und ihre Grosseltern. Intergenerationelle Beziehungen im Wandel*. Zürich: Seismo-Verlag Sozialwissenschaften und Gesellschaftsfragen.

Ghaemmaghami, P., Allemand, M. & Martin, M. (2011). Forgiveness in younger, middle-Aged and older adults: Age and gender matters. *Journal of Adult Development, 18*, 192–203. https://doi.org/10.1007/s10804-011-9127-x

Hay, E. L. & Diehl, M. (2011). Emotion complexity and emotion regulation across adulthood. *European Journal of Ageing, 8*, 157–168. http://dx.doi.org/10.1007/s10433-011-0191-7

Heckhausen, J. (1997). Developmental regulation across adulthood: Primary and secondary control of age-related challenges. *Developmental Psychology, 33*(1), 176–187. https://doi.org/10.1037/0012-1649.33.1.176

*Hossenfelder, M. (1985). *Geschichte der Philosophie. Band 3: Die Philosophie der Antike 3. Stoa, Epikureismus und Skepsis.* München: C.H. Beck.

Hubbard, J., Harbaugh, W. T., Srivastava, S., Degras, D. & Mayr, U. (2016). A general benevolence dimension that links neural, psychological, economic, and life-span data on altruistic tendencies. *Journal of Experimental Psychology: General, 145*, 1351–1358.

Hudecek, M. F. C., Blabst, N., Morgen, B. & Lermer, E. (2021). Eindimensionale Skala zur Messung von Dankbarkeit (GQ-5-G). Zusammenstellung sozialwissenschaftlicher Items und Skalen (ZIS). https://doi.org./10.6102/zis300. https://www.researchgate.net/publication/353566472_Eindimensionale_Skala_zur_Messung_von_Dankbarkeit_GQ-5-G [accessed Mar 30 2023].

Josef, A. K., Richter, D., Samanez-Larkin, G. R., Wagner, G. G., Hertwig, R. & Mata, R. (2016a). Stability and change in risk-taking propensity across the adult life span. *Journal of Personality and Social Psychology, 111* (3), 430–450. https://doi.org/10.1037/pspp0000090

Kaspar, R., Schilling, O. K., Diehl, M., Gerstorf, D., Rupprecht, F. S., Sabatini, S. & Wahl, H.-W. (2023). Differences in self-perceptions of aging across the adult lifespan: The sample case of awareness of age-related gains and losses. *Psychology and Aging.*

Kessler, E.-M. & Staudinger, U. M. (2007). Intergenerational potential: Effects of social interaction between older adults and adolescents. *Psychology and Aging, 22* (4), 690–704. https://doi.org/10.1037/0882-7974.22.4.690

*Klaus, D. & Mahne, K. (2017). Zeit gegen Geld? Der Austausch von Unterstützung zwischen den Generationen. In: K. Mahne, J. Wolff, J. Simonson & Tesch-Römer, C. (Hrsg.), *Altern im Wandel* (247–256). Springer VS, Wiesbaden.

Labouvie-Vief, G., DeVoe, M. & Bulka, D. (1989). Speaking about feelings: Conceptions of emotion across the life span. *Psychology and Aging, 4* (4), 425–437. https://doi.org/10.1037/0882-7974.4.4.425

Lang, F. R. & Carstensen, L. L. (2002). Time counts: Future time perspective, goals, and social relationships. *Psychology and Aging, 17* (1), 125–139. https://doi.org/10.1037/0882-7974.17.1.125

Luhmann, M., Hofmann, W., Eid, M. & Lucas, R. E. (2012). Subjective well-being and adaptation to life events: a meta-analysis. *Journal of Personality and Social Psychology, 102* (3), 592–615. doi: 10.1037/a0025948

Mahlo, L. & Windsor, T. D. (2021). Older and more mindful? Age differences in mindfulness components and well-being. *Aging and Mental Health.* 25, 1320–1331. doi: 10.1080/13607863.2020.1734915.

Mannle, S. & Tomasello, M. (1987). Fathers, siblings, and the bridge hypothesis. In: K. E. Nelson & A. van Kleeck (Hrsg.): *Children's language* (S. 23–42). New York: Psychology Press.

Mata, R., Josef, A. K. & Hertwig, R. (2016). Propensity for risk taking across the life span and around the globe. *Psychological Science, 27* (2), 231–243. https://doi.org/10.1177/0956797615617811

Mather, M., Canli, T., English, T., Whitfield, S. L., Wais, P., Ochsner, K., Gabrieli, J. D. E., Carstensen, L. L. (2004). Amygdala responses to emotionally valenced stimuli in older and younger adults. *Psychological Science, 15*, 259–63

McAdams, D. P., de St. Aubin, E. & Logan, R. L. (1993). Generativity among young, midlife, and older adults. *Psychology and Aging, 8* (2), 221–230. https://doi.org/10.1037/0882-7974.8.2.221

Moxley, J. H. & Charness, N. (2013). Meta-analysis of age and skill effects on recalling chess positions and selecting the best move. *Psychonomic Bulletin & Review, 20*, 1017–1022. doi: 10.3758/s13423-013-0420-5

*Naegele, L. (2020). *Betriebliches Kompetenzmanagement älterer Arbeitnehmer*innen – Eine betriebssoziologische Analyse im Handwerk.* Vechtaer Beiträge zur Gerontologie. Wiesbaden: Springer.

Ng, T. W. H. & Feldman, D. (2010). The relationships of age with job attitudes: A meta-analysis. *Personnel Psychology, 63*, 677–718. http://dx.doi.org/10.1111/j.1744-6570.2010.01184.x

*Oswald, F. (1996). *Hier bin ich zu Hause. Zur Bedeutung des Wohnens: Eine empirische Studie mit gesunden und gehbeeinträchtigten Älteren.* Regensburg, Germany: Roderer.

Park, D. C., Lautenschlager, G., Hedden, T., Davidson, N. S., Smith, A. D. & Smith, P. K. (2002). Models of visuospatial and verbal memory across the adult life span. *Psychology and Aging, 17* (2), 299–320. https://doi.org/10.1037/0882-7974.17.2.299

*Pillemer, K. A. (2011). *30 lessons for living: Tried and true advice from the wisest Americans.* New York: Penguin Books

Pinquart, M. & Wahl, H.-W. (2021). Subjective age from childhood to advanced old age: A meta-analysis. *Psychology and Aging,* 36, 394–406. https:// doi.org/10.1037/pag0000600

Richter, D. & Kunzmann, U. (2011). Age differences in three facets of empathy: performance-based evidence. *Psychology and Aging, 26*, 60–70. doi: 10.1037/a0021138

*Rohrer, J. M., Brümmer, M., Schupp, J. & Wagner, G. G. (2021). Worries across time and age in the German Socio-Economic Panel study. *Journal of Economic Behavior & Organization, 181*, 332–343. https://doi.org/10.1016/j.jebo.2018.02.012.

*Rothgang, H. & Müller, R. (2018). *Pflegereport 2018.* Schriftenreihe zur Gesundheitsanalyse. Band 12. Barmer.Ryff, C. D., Keyes, C. L. M. & Hughes, D. L. (2004). Psychological well-being in MIDUS; Profiles of ethnic/racial diversity and life course uniformity. In O. G. Brim, C. D. Ryff & R. C. Kessler (Eds.). *How healthy are we? A national study of well-being at midlife* (pp. 398–424). Chicago: The University of Chicago Press.

Ruch, W., Proyer, R. & Weber, M. (2010). Humor as a character strength among the elderly. *Zeitschrift für Gerontologie und Geriatrie, 43*, 13–18. https://doi.org/10.1007/s00391-009-0090-0

Ryff, C. D., Keyes, C. L. M. & Hughes, D. L. (2004). Psychological well-being in MIDUS; Profiles of ethnic/racial diversity and life course uniformity. In O. G. Brim, C. D. Ryff & R. C. Kessler (Eds.). *How healthy are we? A national study of well-being at midlife* (pp. 398–424). Chicago: The University of Chicago Press.

Ryff, C. D. & Singer, B. (2009). Understanding healthy aging: Key components and their integration. In V. L. Bengtson, D. Gans, N. M. Pulney & M. Silverstein (Eds.), *Handbook of theories of aging* (2nd ed., pp. 117–144). New York, NY: Springer Publishing.

Salthouse, T. A. (2004). What and when of cognitive aging. *Current Directions in Psychological Science, 13*, 140–144.

Scheibe, D., Freund, A. M. & Baltes, P. B. (2007). Toward a developmental psychology of Sehnsucht (life longings): The optimal (utopian) life. *Developmental Psychology, 43*, 778–795.

Schilling, O. K., Wahl, H.-W., Boerner, K., Horowitz, A., Reinhardt, J. P., Cimarolli, V. R., Brennan-Ing, M. & Heckhausen, J. (2016). Developmental regulation with progressive visual loss: Use of control strategies and affective well-being. *Developmental Psychology, 52*, 679–694.

*Schmitt, M., Dalbert, C., Montada, L., Gschwendner, T., Maes, J., Reichle, B., Radant, M., Schneider, A. & Brähler (2008). Verteilung des Glaubens an eine gerechte Welt in der Allgemeinbevölkerung: Normwerte für die Skala Allgemeiner Gerechte-Welt-Glaube. *Diagnostica, 54*, 150–163. doi: 0.1026/0012-1924.54.3.150

*Simonson, J., Kelle, N., Kausmann, C. & Tesch-Römer, C. (Hrsg.) (2022). *Freiwilliges Engagement in Deutschland. Der Deutsche Freiwilligensurvey 2019.* Bundesministerium für Familie, Senioren, Frauen und Jugend.

*Smith, J. & Baltes, P. B. (2010). *Altern aus psychologischer Perspektive: Trends und Profile im hohen Alter.* In U. Lindenberger, J. Smith, K. U. Mayer & P. B. Baltes (Hrsg.). *Die Berliner Altersstudie* (S. 245–274). Berlin: Akademie Verlag (Neuauflage).

Singer, T., Verhaeghen, P., Ghisletta, P., Lindenberger, U. & Baltes, P. B. (2003). The fate of cognition in very old age: Six-year longitudinal findings in the Berlin Aging Study (BASE). *Psychology and Aging, 18,* 318–331.

Sparrow, E. P., Swirsky, L. T., Kudus, F. & Spaniol, J. (2021). Aging and altruism: A meta-analysis. *Psychology and Aging, 36* (1), 49–56. https://doi.org/10.1037/pag0000447

Staudinger, U. M. & Baltes, P. B. (1996a). Interactive minds: A facilitative setting for wisdom-related performance? *Journal of Personality and Social Psychology, 71* (4), 746–762. https://doi.org/10.1037/0022-3514.71.4.746

*Staudinger, U. M. & Baltes, P. B. (1996b). Weisheit als Gegenstand psychologischer Forschung. *Psychologische Rundschau, 47,* 1–21.

*Staudinger, U. M., Freund, A. M., Linden, M. & Maas, I. (2010). Selbst, Persönlichkeit und Lebensgestaltung: Psychologische Widerstandsfähigkeit und Vulnerabilität. In U. Lindenberger, J. Smith, K. U. Mayer & P. B. Baltes (Hrsg.), *Die Berliner Altersstudie* (3. Erweiterte Auflage, S. 345–374). Berlin: Akademie-Verlag.

*Wahl, H.-W. (2013/2022). Selektive Optimierung mit Kompensation, Modell der. In *Dorsch – Lexikon der Psychologie* (20. Auflage 2022). Göttingen: Hogrefe.

Wegge, J., Jungmann, F., Liebermann, S., Shemla, M., Ries, B. C., Diestel, S. & Schmidt, K. H. (2012). What makes age diverse teams effective? Results from a six-year research program. *Work: A Journal of Prevention, Assessment and Rehabilitation, 41* (0), 5145–5151. doi: 10.3233/WOR-2012-0084-5145.

*Weltzien, D., Rönnau-Böse, M., Klie, K. & Pankratz, N. (2013). *Begegnungen. Ein Projekt mit hochbetagten Menschen und Vorschulkindern.* Handreichung. Evangelische Hochschule Freiburg.

Westerhof, G. J., Nehrkorn-Bailey, A. M., Tseng, H.-Y., Brothers, A., Siebert, J. S., Wurm, S., Wahl. H.-W., Diehl, M. (2023). Longitudinal effects of subjective aging on health and longevity: An updated meta-analysis. *Psychology and Aging, 38,* 147–166. https://doi.org/10.1037/pag0000737

Wettstein, M., Schilling, O. K., Reidick, O. & Wahl, H.-W. (2015). Four-year stability, change, and multidirectionality of well-being in very-old age. *Psychology and Aging, 30,* 500–516. dx.doi.org/10.1037/pag0000037.

Wettstein, M., Wahl, H.-W., Drewelies, J., Wurm, S., Huxhold, O., Ram, N. & Gerstorf, D. (2023). Younger than ever? Subjective age is becoming younger and remains more stable in middle-aged and older adults today. *Psychological Science.* Published online. doi: 10.1177/09567976231164553

Wink, P. & Dillon, M. (2002). Spiritual development across the adult life course: Findings from a longitudinal study. *Journal of Adult Development, 9,* 79–94. https://doi.org/10.1023/A:1013833419122

Zak, P. J., Curry, B., Owen, T., Barraza, J. A. (2022). Oxytocin release increases with age and is associated with life satisfaction and prosocial behaviors. *Frontiers in Behavioral Neuroscience, 16,* 846234.doi: 10.3389/fnbeh.2022.846234